国际友谊博物馆三十年

1981-2011

国际友谊博物馆　编

文物出版社

编委会

主　　编：张　健　黄　元

相瑞花　安来顺　戚学慧

执行主编：蒋　潇

执行副主编：王鹏远　董　涛　曹　靖

编　　辑：（以姓氏笔划为序）

马先军　张　瑛　周彩玲

孟承光　项朝晖　隋立新

曾　光　樊慧君

编　　务：隆　文　张贵玲

序 言

国际友谊博物馆从1981年1月29日成立筹备处至今，已经走过了30年的历程，编辑出版这本纪念册，是一件非常有意义的事情。我代表国家文物局向国际友谊博物馆全体干部职工表示热烈的祝贺！向长期以来关心和支持国际友谊博物馆发展的各界人士表示衷心的感谢！

30年来，国际友谊博物馆担负着征集、收藏、研究和展示新中国成立以来党和国家领导人在对外交往中接受的国际礼品的重任。这些国礼来自世界五大洲，见证了新中国社会主义建设和改革开放的伟大成就，蕴涵着我们党和国家以中国的和平发展促进世界的和谐繁荣的不懈努力和追求，汇集着中国人民与世界各国人民的珍贵友谊。这些国礼是世界艺术精华，荟萃着人类文化的多姿多彩，闪耀着世界文明的璀璨光辉。这些国礼也是宝贵的精神财富，体现出中央领导同志廉洁自律、克己奉公的高尚情操，是开展爱国主义教育、改革开放教育和革命传统教育的生动教材。

30年来，国际友谊博物馆一届又一届领导班子，带领全馆干部职工艰苦创业，脚踏实地开展工作。从故宫文华殿、劳动人民文化宫、北海公园、景山服装厂到柏林寺、六铺炕，馆办公用房和文物库房几经迁徙，留下了他们辛勤的汗水和足迹。国际友谊博物馆举办的展览遍及全国各地，从北部边陲到海南天涯，从西部戈壁到东海之滨，“国礼神州行”系列活动以独特的展品、深邃的主题、精湛的艺术感染着观众，宣传时代主旋律，促进博物馆融入社会，走入人民群众的文化生活。全馆同志把自己全部精力和聪明才智，都投入到事业的发展之中，在实践中形成了艰苦奋斗的开拓精神、求真务实的实干精神、无私奉献的敬业精神。这些精神无论在昨天、今天还是明天，都是激励我们团结向上、开拓进取、创造新的业绩的精神动力。

希望国际友谊博物馆全体同志，倍加珍惜和抓住改革开放带来的发展机遇，倍加珍惜和巩固已经取得的发展成果，倍加珍惜和弘扬在实践中凝聚的友博精神，立足“十二五”新的起点，科学谋划未来发展，承前启后、继往开来，求真务实、奋发有为，在新的征途上再创新的辉煌。

国家文物局局长 单霁翔

目　录

1981

三十年的守望

——纪念国际友谊博物馆成立三十周年

张健／文

辉煌外交　国礼见证

——国际友谊博物馆的成立与藏品内涵

中华人民共和国的成立翻开了新中国历史的崭新篇章，共和国独立自主的外交政策在60多年的历程中也取得了举世瞩目的辉煌成就。新中国成立后，随着国际事务的全面展开，我国与各国元首、政府领导人之间相互访问和互赠礼品也日益增多。毛泽东主席、周恩来总理等党政军领导人一向十分重视与这些国家之间友好交往的见证物。20世纪50年代，周总理曾指示有关部门妥善收存保管。60、70年代之交，外交部礼宾司在人民大会堂南门接待厅举办了新中国第一次外交礼品展览，反响十分强烈。后经周总理批准，展品全部转交给故宫保管并由故宫对展品进行调整、增补、遴选后专门辟出场地继续展出。改革开放后，我国的国际交往更加频繁，接受的礼品不断增多，国礼所蕴含的价值也不断得到认知，成立专题博物馆也摆上了议事日程。1981年1月，中宣部批准成立国际友谊博物馆筹备处，负责重要国际礼品的调查、征集、保藏和研究工作。国际友谊博物馆的创建，不仅填补了我国博物馆类型的一个空白，更开辟了宣传新中国外交成就的新领域，打开了国内公众欣赏异域文化精华、领略外国艺术风采的另一扇窗，架设了增进中外友好合作、促进中外文化交流的又一座桥。

回顾新中国的外交历程，可谓波澜壮阔。党和国家领导人在率领全国人民进行国家建设的同时，还以高超的外交智慧和超凡的胆略为新中国赢得了广泛的国际友谊和世界人民的普遍尊敬。在频繁的国际交往中，各国领导人及官方、民间组织、知名人士馈赠给我国大量珍贵的礼品。国际友谊博物馆作为专门收藏、研究和展示国礼的专题博物馆，珍品荟萃。这些礼品既是中外友好往来的象征，又是共和国外交历程的见证，展现了新中国外交辉煌成就的壮美画卷。我们可以从中看到，在20世纪50年代，面对西方国家的敌视和封锁，我国政府如何在坚持独立自主和平外交路线的基础上，侧重与社会主义国家建立和发展外交关系；可以看到在20世纪60年代，新中国给予了非洲国家民族独立解放运动坚定的支持，并在中苏关系恶化后积极开拓外交空间，与法国的建交谈判则彻底打破了西方国家的封锁；可以看到在20世纪70年代，中美关系的改善以及中国恢复在联合国的合法席位，是怎样成为国际关系中的盛举；可以看到在20世纪80年代，我国在改革开放后随着综合国力不断增强，外交也进入一个崭新局面，国际影响已达世界五大洲；可以看到在20世纪90年代，尽管国际共产主义运动进入低潮，但我国政府顶住了霸权主义和强权政治的压力，安然渡过了国际斗争的风口浪尖，维护了国家主权和民族尊严，树立了良好的国际形象，建交国家进一步增加，礼品数量也大幅度增长。由于管理体制方面的原因，新一代中央领导集体在国际交往中接受的礼品并没有归国际友谊博物馆收藏，中央各部委也收藏大量在不同领域与国外交往中获赠的礼品。目前，国际友谊博物馆收藏有来自世界170多个国家和地区的礼品16000多件，其来源遍布五大洲，大致分为30余类、上百个品种。这些礼品或具有重要的政治意义和历史价值，是见证现代中外友好往来的珍贵文物，与重要事件和重要人物有着密切关系；或具有较高的艺术价值，充分反映了世界各民族异彩纷呈的文化艺术魅力；或具有极高的经济价值和收藏价值，有些珍贵化石和动植物标本堪称稀世珍宝。国际友谊博物馆藏品大多兼有双重性，或者既是外交礼品，又是外国艺术品、工艺品，或者既是礼品又是珍贵的文物或动植物、化石标本。这种双重性，决定了国际友谊博物馆藏品的特殊属性，构成了与其他博物馆截然不同的鲜明特色和风格。

历尽艰辛　几经迁移
——国际友谊博物馆的建馆历程

国际友谊博物馆成立30年了，但馆舍问题一直没有得到解决，而且作为展厅和办公之用的临时用房也几经迁移，其中艰辛可想而知。1981年筹备处成立后，借用故宫博物院文华殿东西配殿和临时搭建的板房作为藏品库房，存放从中办和国管局等单位接收的国际礼品，两侧耳房作办公室，展厅设在御花园附近的钟粹宫和景阳宫。1985年，因故宫收回钟粹、景阳两宫，展厅移至北海公园天王殿内。1989年，因筹备处队伍不断壮大，藏品增多，只得在北京劳动人民文化宫内租借办公用房，故宫文华殿专作库房和保管部办公室。1990年，因在文华殿举办全国文物精华展，藏品转往南薰殿存放，所有人员转移到景山服装厂内办公，同时租用中国革命博物馆二楼展厅举办基本陈列，形成了办公、展览及藏品库房长期分开的局面。1991年经人事部批准，国际友谊博物馆筹备处转为正式建制的博物馆。1992年9月，迁至位于雍和宫附近的柏林寺内藏经楼院内办公，存放在故宫内的藏品也搬运到作为

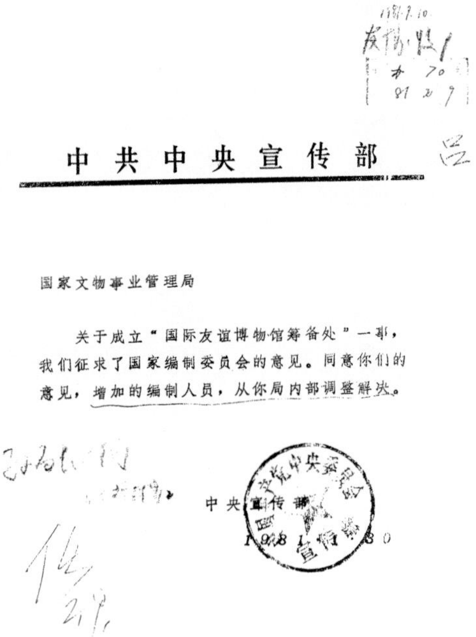

中共中央宣传部

国家文物事业管理局

关于成立"国际友谊博物馆筹备处"一事，我们征求了国家编制委员会的意见。同意你们的意见，增加的编制人员，从你局内部调整解决。

中央宣传部
1981.1.30

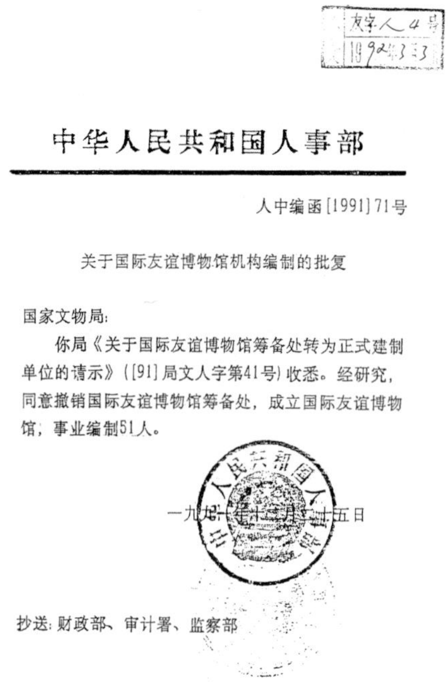

中华人民共和国人事部

人中编函[1991]71号

关于国际友谊博物馆机构编制的批复

国家文物局：

你局《关于国际友谊博物馆筹备处转为正式建制单位的请示》([91]局文人字第41号)收悉。经研究，同意撤销国际友谊博物馆筹备处，成立国际友谊博物馆，事业编制51人。

一九九一年十二月二十五日

抄送：财政部、审计署、监察部

中宣部关于成立国际友谊博物馆筹备处的批复（1981年1月）

人事部《关于国际友谊博物馆机构编制的批复》（1991年12月）

国际友谊博物馆筹备处仇良主任（左三）、秋振邦副主任（左二）和刘云峰副主任（左一）在故宫文华殿前合影（1982年春节）

我馆职工在故宫文华殿前合影（1982年春节）

前排左起：张克俭、杨华、郭淑芬、崔喜缘、李淑梅、罗书生、范小渊
后排左起：马小川、刘文阁、宋佑隆、李陆、刘云峰、仇良、秋振邦、孟可

我馆职工在故宫文华殿前合影（1984年）

前排左起：刘耀、张瑛、郭淑芬、陆琼、常家煌、秋振邦
后排左起：范小渊、李兆育、刘云峰、孙秀珍、陈建平、连燎原、李焕平、张林

我馆第一批大学生与郭淑芬老师在故宫景阳宫前合影（1984年）

左起：张林、陈茂梅、张瑛、郭淑芬、李焕平、李兆育

我馆职工在北海九龙壁前合影（1987年1月）

前排左起：张贵玲、郭淑芬、孙秀珍、周旻
后排左起：丛培巧、杨静、连燎原、孟承光、王旭东、李陆、邓一力、张翔、董涛、纪大谦

我馆职工在故宫文华殿前合影（1988年）

左起：秋振邦、范小渊、崔喜缘、刘云峰、张克俭、纪大谦、郭淑芬、李陆、陆琼、张雪萍、李一凡、蒋潇、孙秀珍、蔡勇勤

藏经楼院舍——国际友谊博物馆办公地点

藏经楼

我馆职工在柏林寺藏经楼院内合影（1994年9月）

前排左起：隆文、何春茹、韩冀萍、张理萌、顾伯平、孙昇、张瑛、范钦娟、范世民、陈淑英
后排左起：范小渊、崔立珍、刘淑娟、纪伟、张京保、王鹏远、石周勋

我馆职工在柏林寺藏经楼院内合影（1999年10月）

前排左起：陆琼、纪大谦、张瑛、曹靖、蒋潇、周旻、张克俭、董涛、黄璐
二排左起：马先军、张京保、毛佩琦、杨华、王志伟、李陆、张翔、田洪涛、刘玉宏、王鹏远
后排左起：纪伟、隋立新、韩冀萍、宋佑隆

库房的藏经楼一层。藏经楼为木结构古建筑，尽管一层做过一些改造，但完全不具备博物馆藏品保护的各项条件和功能要求，更达不到国家规定的博物馆藏品库房必须具备的“十防”标准。而且藏品库房面积只有900平方米，使用空间过于狭小，藏品堆叠存放，不仅难以开展藏品保护、接收、清点、整理、周转、保养、修复、研究等工作，而且存在很大的安全隐患。2000年，因中国革命博物馆维修改造，设在该馆的基本陈列只得撤展，国际友谊博物馆从此失去了在北京的相对固定展厅。从那以后十多年来，走上了只能依靠巡回展览开展宣传教育活动之路，尽管这严重制约了该馆事业的健康发展，却也由此形成了另外一种博物馆现象。

早在1983年，国际友谊博物馆借用故宫博物院的场地举办内部展览时，建馆问题就得到了中央领导同志的重视。1984年，文化部批准《新建国际友谊博物馆计划任务书》，后因经费不足和选址问题被搁置。1987年，国际友谊博物馆筹备处就“申请拨专款兴建国际友谊博物馆等事”直接给国务院领导呈报告。1988年7月，国务院领导委派国管局负责同志了解国际友谊博物馆建馆情况。1991年初，国务院领导就建设国际友谊博物馆事作出重要批示。2000年7月，国际友谊博物馆向国家文物局上报了《关于建设国际友谊博物馆新馆项目的请示》。2000年12月29日，国家文物局将《关于请将新建“国际友谊博物馆”列入“十五”计划的函》报送到当时的国家计委。2005年，国际友谊博物馆再次向国家文物局报送了《国际友谊博物馆建设项目建议书》。同时，国际友谊博物馆还不断积极争取社会各界的大力支持，期望早日将一座填补国家空白、具有鲜明特色、代表国家形象的标志性博物馆建筑展示在世人面前。在全国人大、全国政协的多次会议上，都有全国人大代表和政协委员关于建设国际友谊博物馆的提案，《中国文物报》、《中国文化报》等媒体也多次呼吁，特别是藏品的保管环境之恶劣受到境内外的关注。2008年8月，国际友谊博物馆在北京奥运会期间承办的“世界瑰宝——中华人民共和国国际礼品展”，受到观众和媒体的广泛关注，他们都希望国际友谊博物馆早日建成，但这一愿望至今仍然没有实现。

在争取建馆过程中，国际友谊博物馆的生存困境得到了中央领导同志的关怀。2001年11月，国务院领导组织有关部门召开关于国际友谊博物馆馆舍问题会议。根据这次会议精神，在短期内将原化工部礼堂按照文物库房的标准进行了改造，以租用的方式供国际友谊博物馆使用，从此国际友谊博物馆终于有了正式的文物库房。与此同时，还改造了柏林寺藏经楼，同样以租用的方式作为行政办公场所。尽管属于租用，尽管办公和库房分处两地，尽管还是没有自己的展出场所，但藏品库房的建成和办公条件的改善，使国际友谊博物馆结束了迁移，终于有了“家”的感觉，极大鼓舞了全体干部职工。他们以此为阵地，认真开展藏品的整理、保护和研究工作，积极把不同规模、不同形式的展览源源不断地送往全国各地，在艰苦的条件下发挥了博物馆的社会职能。

多功能厅

贵宾室

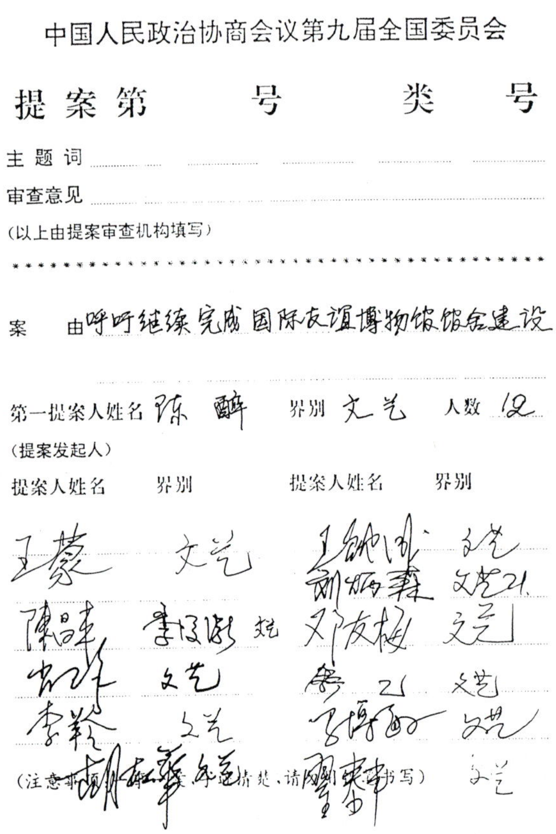

中国人民政治协商会议第九届全国委员会

提 案 第　　号　　类　　号

主 题 词

审查意见

（以上由提案审查机构填写）

案　由 呼吁继续完成国际友谊博物馆馆舍建设

第一提案人姓名 陈醉　界别 文艺　人数 12

（提案发起人）

提案人姓名	界别	提案人姓名	界别
王蒙	文艺		文艺
			文艺
		邓友梅	文艺
	文艺		文艺
李羚	文艺		文艺
	文艺		文艺

（注意：……请……书写）

中国人民政治协商会议第九届全国委员会提案《呼吁继续完成国际友谊博物馆馆舍建设》（2001年）

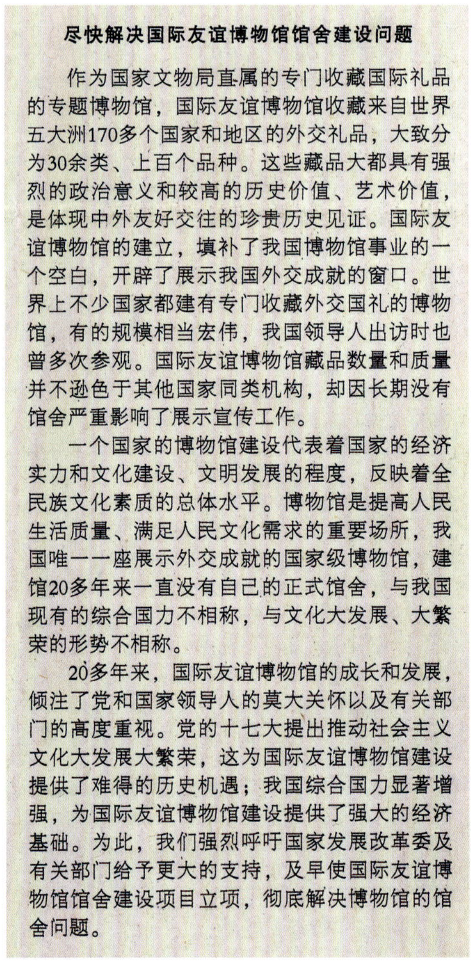

尽快解决国际友谊博物馆馆舍建设问题

作为国家文物局直属的专门收藏国际礼品的专题博物馆，国际友谊博物馆收藏来自世界五大洲170多个国家和地区的外交礼品，大致分为30余类、上百个品种。这些藏品大都具有强烈的政治意义和较高的历史价值、艺术价值，是体现中外友好交往的珍贵历史见证。国际友谊博物馆的建立，填补了我国博物馆事业的一个空白，开辟了展示我国外交成就的窗口。世界上不少国家都建有专门收藏外交国礼的博物馆，有的规模相当宏伟，我国领导人出访时也曾多次参观。国际友谊博物馆藏品数量和质量并不逊色于其他国家同类机构，却因长期没有馆舍严重影响了展示宣传工作。

一个国家的博物馆建设代表着国家的经济实力和文化建设、文明发展的程度，反映着全民族文化素质的总体水平。博物馆是提高人民生活质量、满足人民文化需求的重要场所，我国唯一一座展示外交成就的国家级博物馆，建馆20多年来一直没有自己的正式馆舍，与我国现有的综合国力不相称，与文化大发展、大繁荣的形势不相称。

20多年来，国际友谊博物馆的成长和发展，倾注了党和国家领导人的莫大关怀以及有关部门的高度重视。党的十七大提出推动社会主义文化大发展大繁荣，这为国际友谊博物馆建设提供了难得的历史机遇；我国综合国力显著增强，为国际友谊博物馆建设提供了强大的经济基础。为此，我们强烈呼吁国家发展改革委及有关部门给予更大的支持，及早使国际友谊博物馆馆舍建设项目立项，彻底解决博物馆的馆舍问题。

全国政协委员、国家文物局副局长张柏提交7个提案之一（2008年）

展示宣传　服务社会

——开展“国礼神州行”　努力践行“三贴近”

陈列展览一向被视作博物馆的重要职能，也是向公众进行宣传教育的主要手段。国际友谊博物馆筹备处成立伊始，就积极开展展览筹备工作。1982年9月，遴选部分展品图片参加在中国美术馆举办的纪念中日邦交十周年展览，第一次向社会提供展览服务。1983年起在故宫钟粹宫和景阳宫举办礼品展览，开始常规性的社会展示，后由于展厅腾退，先后移至北海公园天王殿、端门东朝房和中国革命博物馆展出。这些展览的展期都比较长，被认为属于基本陈列性质的展览。其中1984年在故宫开放的“国际友谊珍品展览”被列为建国35周年献礼项目，1990年在中国革命博物馆开放的“国际珍贵礼品展览”被作为第十一届亚运会重点文化项目。2000年从中国革命博物馆的展出场地撤出后，国际友谊博物馆一直没有寻找到相对长期的展出场地，也失去了举办基本陈列的阵地。此后尽管不断筹划、论证基本陈列项目，但一直没有长期展出的机会，只是一些内容设计思想和筹划成果在其他一些临时展览中得到借鉴和运用。例如2001年12月在北京中华世纪坛举办的“我们的朋友遍天下——新中国外交礼品精华展”，此展览经过充实后，于次年4月赴香港为纪念香港回归五周年展出；又如2008年8月作为北京奥运会重点文化项目，在中国人民革命军事博物馆举办的“世界瑰宝——中华人民共和国国际礼品展”。上述展览都体现了国际友谊博物馆的藏品、研究和管理水平，产生了很好的社会影响。

成立之初的国际友谊博物馆筹备处由一个综合的业务部负责包括展览在内的博物馆的所有业务工作。1984年正式成立陈列部，使展览的组织工作走上了正轨。1991年成为正式建制馆后，由于没有固定馆舍，制约了陈列展览工作的开展，特别是撤销在中国革命博物馆的展览后难以找到合适的展览场地，一度取消陈列部成立了研究发展部。2005年，国际友谊博物馆为落实“三贴近”要求，充分发挥博物馆的社会职能，因地制宜提出了“国礼神州行”展览宣传计划，并再次调整机构，专门成立了展览信息部。该部门在继续筹划基本陈列的同时，把组织全国巡回展览作为重要工作任务，并由此进一步强化了国际友谊博物馆的特色。

一般认为，组织巡回展览可以是博物馆的重要工作之一，但除国际友谊博物馆外，国内并没有一个博物馆把组织巡回展览作为主要业务工作和展览的唯一形式。自成立以来一直没有属于自己馆舍的国际友谊博物馆，从最初的故宫文华殿到现在的柏林寺藏经楼，其间经历过数次搬迁，特别是失去了在北京的固定展出场所之后，严重制约了作为博物馆应当具备的陈列展览工作的开展。如果安于现状，那么国际友谊博物馆无非是一个只有藏品没有展览的“挂牌博物馆”，博物馆的教育职能如何能够实现？其存在的价值如何体现？从1985年4月开始，国际友谊博物馆就开始尝试到全国各地举办巡回展览，其中在宁波保国寺文保所举办的“国际友谊珍品展览”、在珠海市博物馆举办的“总统礼品展”、在上海大剧院举办的“国务礼品——建国50年外交珍贵礼品荟萃展”等展览都受到了广泛的欢迎和好评。2004年，国际友谊博物馆提出了“一手抓生存，一手抓发展；做好国礼文章，打造友博品牌”的工作思路。2005年初，在总结以往举办全国巡回展览有益经验的基础上，策划并推出了“国礼神州行”大型展览宣传计划。这个宣传计划是对过去国礼巡展的继承、发展和创新，也是落实“三贴近”要求，与时俱进、开拓创新的具体举措。从2005年4月“国礼神州行”首篇——“国礼中原行”系列展览在河南省四地市相继展出开始，“国礼新疆行”、“国礼南粤行”、“国礼老区行”等系列展览陆续成功举办。在举办这些系列展览的同时，国际友谊博物馆还不断根据当时的宣传重点策划展览项目，主动走出去，成功举办了很多不同规模、不同题材、不同形式的展览，有力地配合了各地不同需求的宣传活动。例如：为配合东盟论坛在广西南宁举办的“东盟十国国礼特展”，为配合哈尔滨冰雕艺术节在哈尔滨举办的“至尊国礼”展，为纪念周恩来诞辰110周年在天津和江苏淮安举办的“周恩来外交礼品展”，为配合奥运会在北京举办的“世界瑰宝——中华人民共和国国际礼品展”和在青岛举办的“扬帆青岛——馆藏帆船·海洋题材礼品展”，为配合伏羲文化节在甘肃天水举办的“至尊国礼——馆藏国际礼品展”，为配合中阿论坛在宁夏银川举办的“明月和风——馆藏伊斯兰国家国际礼品展”等等。此外，国际友谊博物馆还根据实际情况，自办了一些重要纪念展览。例如：纪念邓小平诞辰100周年展览、纪念中泰建交30周年展览以及纪念新中国成立60周年展等。

30年来，国际友谊博物馆立足北京，把展览送到了天津、上海、江苏、浙江、广东、广西、福建、山东、山西、陕西、河南、河北、内蒙古、四川、重庆、云南、新疆、宁夏、甘肃、青海、黑龙江、海南等20多个省、市、自治区和香港特别行政区，举办各种形式的巡回展览100多次，观众人数超过千万人次。尤其是2005年实施“国礼神州行”宣传计划以来，往往一年就举办10次左右的巡回展览，其覆盖之广、力度之大、频率之繁，在国内博物馆中是罕见的。“国礼神州行”系列展览蕴涵了丰富的内容，它集知识性、教育性、观赏性为一体，充分展示了与我国建交国家的历史文化和风土人情，呈现了各国工艺美术精品和异域文明精华，宣传新中国外交成就，有力地配合了各地的宣传教育活动，受到各地观众的热烈欢迎和积极响应。国际友谊博物馆通过“国礼神州行”，让更广大的公众在鉴赏国礼、了解国礼和感知世界文化精髓的过程中，激发民族自豪感，接受爱国主义和革命传统教育。它是国际友谊博物馆在新形势和特殊生存环境下可持续发展之路的探索，在取得较好的社会效益和经济效益的同时，也带动了博物馆宣传教育、藏品征集与管理、科学研究等各项工作扎实有效地开展，促进了博物馆在市场经济环境和没有馆舍的特殊条件下的改革创新。

国际友谊博物馆筹备处仇良主任（左三）率队在北京考察临时展览场地

业务人员为在故宫钟粹宫和景阳宫举办的“国际友谊珍品展览”制作广告牌（1984年）

在广东民间工艺馆举办的“国际友谊珍品展览”序厅（1985年4月～6月）

在四川省成都市博物馆举办的“国际友谊珍品展览”开幕式（1987年12月）

南宁展览组工作人员点交文物（1988年7月）

左起：曹靖、乔杨

在故宫端门东朝房举办的“外国工艺美术品展览”序厅（1988年12月～1989年5月）

陈列部工作人员在故宫端门东朝房举办的“外国工艺美术品展览”广告牌前合影

左起：郭淑芬、张瑛、刘耀、鲍勇

在中国革命博物馆举办的基本陈列“国际珍贵礼品展览”序厅（1990年9月～1992年12月）

国际友谊博物馆筹备处主任孙昇和展览组工作人员在深圳华夏艺术中心“国际珍贵礼品展览”展厅合影（1991年9月）

左起：何春茹、纪大谦、黄璐、蒋潇、孙昇、张瑛

展览组在长江客轮上押运文物赶赴重庆举办展览（1993年12月）

左起：范世民、张弩、蒋潇、王鹏远、乔杨、梁惠玉

我馆在浙江省宁波保国寺文保所开设首个外地长期展览地（1996年2月～2001年12月）

我馆职工与前任馆领导在基本陈列展厅合影（1997年12月）

左起：张瑛、王鹏远、隋立新、董涛、范世民、纪大谦、黄璐、隆文、刘云峰、蒋潇

展览组工作人员在广东省珠海机场展厅布展。图为布展间隙（1998年11月）

毛佩琦馆长和展览组工作人员在云南省博物馆展厅合影（1999年7月）

左起：曾光、马先军、毛佩琦、纪伟、纪大谦、陆琼

国家文物局局长张文彬与历届馆领导在中华世纪坛艺术馆展览开幕式上合影（2001年12月）
左起：范世民、蔡勇勤、罗伯健、毛佩琦、张文彬、刘云峰、孙昇、杨华、王永茂

“我们的朋友遍天下——中国国务珍贵礼品大展”在香港展览中心开幕（2002年3月）

“国礼神州行”首篇“国礼中原行”在河南省郑州博物馆拉开帷幕（2005年4月）

三门峡展览组押运文物行至洛阳火车站（2005年11月）

重庆展览组押运文物抵达重庆（2006年7月）

哈尔滨展览组押运文物从北京火车站启程（2007年1月）

“世界瑰宝——中华人民共和国国际礼品展”在中国人民革命军事博物馆展出（2008年8月~9月）

“乐舞缤纷——开国领袖·表演艺术题材外交礼品特展”在国家大剧院开幕（2009年8月）

“明月和风——国际友谊博物馆藏伊斯兰国家国际礼品展”在宁夏博物馆开幕（2010年7月）

宣传教育是博物馆的一项重要职能。国际友谊博物馆筹备处期间，设群工组负责宣教工作，后改称群工部。1997年7月改为宣传教育部，后又因机构调整取消，相关人员并入保管部。2005年8月机构改革中，将宣教工作职能设在新成立的展览信息部。30年来，由于没有固定馆址，国际友谊博物馆宣传教育工作的开展主要是配合陈列展览进行的。建馆初期，先后在故宫钟粹宫和景阳宫、端门东朝房、北海天王殿、中国革命博物馆二楼展厅等地举办了基本陈列，宣教部门主要负责展厅对外开放和宣传讲解工作。在配合临时展览的宣教工作方面，工作人员往往要克服重重困难，例如在十三陵长陵举办的临时展览时间长达1年，路途较远，宣教工作人员需要吃住在十三陵。在多年的实践中，国际友谊博物馆还克服一些展出场所不适合举办实物展览的情况，因地制宜，通过举办各种形式的图片流动展览，扩大宣传效果，弥补没有固定馆址的不足。例如1997年国家文物局组织的五馆联合下乡活动、1998年至2010年历年的国际博物馆日、近年的中国文化遗产日期间，国际友谊博物馆都精心挑选出五大洲比较有代表性的藏品图片，以图片展览带动讲座、知识问答、征文比赛等方式，走进社区、走进学校组织宣传教育活动。特别是近年来在河北黄骅、北京通州区和崇文区学校、北京朝阳区社区、北京工业大学艺术学院、北京北海公园和紫竹院公园组织的图片展览和讲座，贴近实际、贴近生活、贴近群众，满足了社区居民和在校学生在休闲、娱乐中求知的精神需求。这样的图片流动展览筹备快、装备轻，短小精悍，机动灵活，便利群众，是博物馆进行宣传教育的广阔天地，产生很好的社会效益。

宣教部在北京市东城区东华门社区举办图片展

我馆在河北省黄骅市博物馆举办“看国礼，谈体会”知识竞赛活动（2007年6月）

我馆在北京一师附小举办“国礼与世界遗产”知识讲座（2008年5月）

博物馆网站是利用信息技术，为观众搭建传播先进文化平台，有效开展宣教工作的又一重要手段。2001年，国际友谊博物馆开始设立网站。2004年，为不断扩大“国礼”品牌宣传途径，更好地发挥博物馆的展示和教育作用，也为推进博物馆信息化建设进行深入探索和积累经验，重新提出了网站改版方案。2005年上半年，邀请中国文物信息咨询中心作为合作单位，着手进行新网站建设工作。8月，专门成立了信息资料中心并启动了新网站建设工作。2006年6月10日，在中国第一个文化遗产日之际，国际友谊博物馆新网站正式开通。新网站的开通是贯彻落实“三贴近”要求，服务社会的一项重要工作，它反映了博物馆在文物保护、陈列展览、科学研究等各方面取得的成绩，提高了宣传教育效果。网站共收录400多件珍贵国礼的图片，30多个不同主题的陈列展览，220余篇国礼故事、著名外交人物、世界风貌、外交风云等相关介绍材料，并收录了已出版发行的馆刊《中国国际友谊》的主要研究论文等。同时，网站对博物馆的历史沿革、机构组成、工作动态、社会服务等也做了较为详细的介绍。新网站建设弥补了国际友谊博物馆没有固定展馆的缺憾，建立起了一个形式生动、内容多样、手段丰富、以网络为基础的展示平台。它不仅在一定范围内实现了资源共享，扩大和延伸了博物馆的展示空间，突出了宣传教育作用，还推动了博物馆的信息化建设，为今后建设数字博物馆积累了经验，促进了博物馆业务工作的不断深化。

信息资料中心负责人与中国文物信息咨询中心相关人员共商我馆网站改版工作

在独立自主的和平外交政策指引下，我国政府十分重视同世界各国政府和人民之间的友谊与合作，赢得了世界各国人民的尊重，为维护世界和平，促进合作与发展，做出了卓越贡献。在国际交往中，世界各国领导人和知名人士以馈赠礼品的方式表达了对中国领导人和中国人民的友好情意。新中国成立以后，这些见证中外友好交往且具有较高艺术价值和纪念意义的礼品，均散存在中央各有关单位，很多都在库房里尘封多年，没有发挥其真正的作用。1981年国际友谊博物馆筹备处成立后，即着手从国管局、中办特会室、中直管理局、全国政协、中央警卫局、全国总工会、全国妇联、团中央、天安门管理处等单位接收国际礼品，将其建档、建账、分类，进行科学管理和研究。1987年，国际友谊博物馆筹备处开始设专人负责礼品征集工作，由筹建初期时被动接收礼品变为主动征集。同时，考虑到部分中央领导同志曾在各省、市担任过重要的领导职务，把征集的渠道从中央部委扩大到各省市。例如从1988年起，就陆续从上海市政府征集到江泽民同志在沪任职期间的外事礼品百余件。1995年，中共中央办公厅、国务院办公厅颁布了《关于印发〈文化部关于加强国际友谊博物馆藏品征集管理工作的意见〉的通知》，规定外事礼品管理工作直接归口国际友谊博物馆统一管理，加强和规范了礼品的征集、保管、保护和利用。之后，国际友谊博物馆适时积极向中央有关单位开展征集工作，从全国政协接收外事礼品300多件，从北京市政府接收礼品16件。

国际友谊博物馆筹备处期间入藏的礼品，构成了馆藏基础，也奠定了博物馆的规模和在行业中的地位。建馆初期，国际友谊博物馆缺少藏品科学管理必备的基础条件，搬迁至藏经楼库房之初，各类藏品也因为场地狭窄，异常拥挤地简单混杂堆积，没有全面整理和清点，参考品库的近4000件藏品甚至长期存放在木箱中，没有拆箱、入柜、清理、核查。1998年夏至2001年2月底，国际友谊博物馆首次进行了大规模的彻底盘库，使大部分藏品重新定位，正式入柜。2002年六铺炕周转库房的竣工，使国际友谊博物馆的藏品库房面貌焕然一新，清点后的珍贵礼品得以在恒温、恒湿的优良环境中得到保护。2005年8月机构调整，将藏品部改为藏品管理部。1999年8月，国际友谊博物馆正式启动馆藏品信息管理系统工程，2006年开始修改完善，至今已经基本建立起了一套科学、规范的藏品信息管理系统，为藏品的科学管理和有效利用奠定了基础。在这个过程中，藏品库房的安全设施不断升级改造，同时建立起了完整的安全保卫规范。

王光美同志向我馆捐赠她与刘少奇同志在外事活动中受赠的礼品
孟承光（左一）、鲍勇（左二）、顾伯平（左四）

范小渊在拍摄馆藏文物

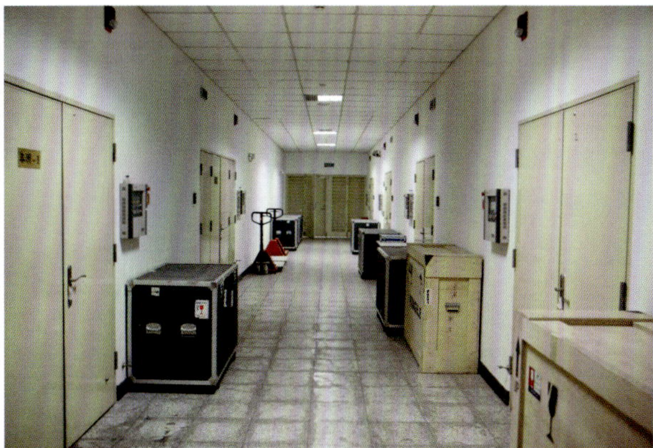

新库房区

库房中控室

我馆第一部大型图录《世界瑰宝——国际友谊博物馆藏品选》首发式在北京人民大会堂举行（1993年9月16日）

馆藏品所蕴藏的丰富内涵只有通过科学的研究才能揭示出来，从而发挥其社会作用。国际友谊博物馆的研究工作不仅要确切记录国礼的赠送情况，还要对国礼本身的历史、社会、政治、文化和科学背景进行全面深入的揭示，准确地理解每一件国礼所蕴涵的深刻含义，并以国礼为线索研究特定历史时期的国际政治和外交形势，展现我国老一辈革命家高超的外交艺术。30年来，国际友谊博物馆一直重视科研工作，结合藏品管理、陈列展览，围绕博物馆的收藏性质、发展规律不断进行多领域的科学研究，使科研成为博物馆的一项主要业务工作。到目前为止，国际友谊博物馆编辑出版了《毛泽东与国际友人》、《刘少奇与国际友人》、《周恩来与国际友人》、《邓小平与国际友人》等伟人专题，《我们的朋友遍天下》、《世界瑰宝》、《至尊国礼》、《国礼荟萃》等综合专题，《国礼神州行》、《泰国国礼艺术》、《东盟十国国礼艺术》、《天地精华》（宝玉石题材）、《帆影海韵》（海洋题材）、《世界瑰宝》、《和平礼赞》、《乐舞缤纷》（表演艺术题材）、《至尊国礼》（丝绸之路沿线国家题材）、《明月和风》（伊斯兰国家题材）等展览专题，《国礼故事》、《带你走进博物馆—国际友谊博物馆》等知识普及专题，《巡回展览中的文物保护文集》等学术专题的图录和书籍，以及馆刊《中国国际友谊》七卷，自行设计或承担上级安排的课题研究，不断向社会提供科研成果，扩大宣传面及影响力。建馆以来，很多业务人员在各类报刊发表大量学术文章，为纪念国际友谊博物馆成立30周年，也为了完整呈现国际友谊博物馆的科研成果，我馆已编辑出版《国际友谊博物馆30年文集》。

结 语

国际友谊博物馆收藏的珍贵礼品，不仅是我国外交成就的实物见证，也是党和国家的宝贵财富。这些来自世界各地的艺术珍品具有普世性，广泛地体现了文化的多样性；同时又具有时代性，与新中国外交历程息息相关，反映了和平与发展的时代主题。30年来，正是在这样一座特殊博物馆里，全体干部职工不计较艰苦条件，不畏惧困难挑战，积极努力地开展工作，充分展现了我国博物馆工作者的风采。在2010年为编辑国际友谊博物馆成立30周年纪念册举行的座谈会上，十几位离退休老同志情真意切的发言令人感动和深思。30年了，当初参与筹备处工作的同志有的已经离开了我们，有的已经年逾古稀，或重病在床；30年了，当初正值青春年华参加到国际友谊博物馆事业的同志，有的已经到了快要退休的年龄，大都已过知天命之年。30年风风雨雨的历程，磨炼了国际友谊博物馆人迎难而上、创造性地开展工作的顽强意志。30年不屈不挠的守望，靠的是对博物馆事业的满腔热血，是博物馆人不畏艰辛、无私奉献、敬业乐道的长期坚持。

逝去的是岁月，留下的是值得我们总结和继承的宝贵的精神财富。谨此纪念国际友谊博物馆成立30周年。

我馆召开《国际友谊博物馆三十年》编辑论证会（2010年9月）

馆领导和职工与老干部合影（2010年9月）

前排左起：赵德雨、王晓鹰、崔立珍、孙秀珍、郭淑芬、孙昇、张弩、王永茂、刘起富

馆领导和办公室部分同志与老干部合影（2010年10月）

前排左三：孙昇

后排左起：范钦娟、赵德雨、张玉香、王晓鹰、李民、张永利

我馆召开纪念国际友谊博物馆建馆30周年座谈会，国家文物局局长单霁翔、副局长宋新潮，原局领导阎振堂、马自树、彭卿云，以及退休老同志和曾在我馆工作过的同志等出席座谈会。（2011年1月）

国际友谊博物馆30年

1981

关怀指导

2011

中共中央政治局委员胡乔木（左二）审查展览（1982年）

国务院副总理李鹏（右一）审查展览（1983年8月5日）

国务院副总理田纪云（左二）审查展览（1983年8月9日）

中共中央书记处书记、中宣部部长邓力群（左二）审查展览（1984年5月）

国家副主席乌兰夫（左四）出席由文化部部长朱穆之主持的基本陈列“国际友谊珍品展览”开幕式（1984年9月25日）

国家文物局局长张德勤（右一）审查在故宫端门东朝房举办的“外国工艺美术品展览”（1988年11月27日）

全国政协副主席洪学智（右一）参观基本陈列（1990年9月）

全国政协副主席卢嘉锡（右三）参观基本陈列（1990年9月）

中共中央顾问委员会常委王首道参观基本陈列（1990年9月）

中共中央办公厅、外交部、国家文物局等有关部门领导和专家参加基本陈列审查研讨会（1990年9月）

全国政协副主席钱伟长（左四）参观我馆在深圳举办的展览并与展览组工作人员合影（1991年9月）

文化部部长刘忠德（左二）来馆审查基本陈列（1992年）

国家文物局局长张文彬（右三）、副局长马自树（右二）审查基本陈列（1996年10月）

文化部副部长李源潮（左二）审查基本陈列（1997年2月14日）

中共中央政治局委员、国务委员兼国务院秘书长罗干（后排左七），中共中央政治局候补委员、中央书记处书记兼中共中央办公厅主任曾庆红（后排左八）、文化部部长刘忠德（后排右五）来馆审查基本陈列（1997年9月25日）

文化部副部长徐文伯（左三）出席基本陈列开幕式（1997年12月12日）

文化部副部长孟晓驷（左三）参观基本陈列（1998年6月）

文化部部长孙家正（右三）参观基本陈列（1998年8月5日）

原中共中央政治局常委刘华清同志（后排右三）在国家文物局局长张文彬（后排左四）陪同下视察我馆展厅（1999年11月3日）

中共中央政治局委员、中共上海市委书记黄菊（前排左三）在国家文物局局长张文彬（右二）陪同下参观我馆在上海大剧院举办的“国务礼品展——建国五十周年外交珍贵礼品荟萃”（2000年10月）

国务院副秘书长高强（左四）等领导考察调研原柏林寺文物库房（2001年11月）

国家文物局局长单霁翔（左一）和国管局领导检查新库房启用情况（2002年12月）

国家文物局副局长童明康（右一）出席我馆在陕西省图书馆举办的“三代伟人获赠国礼珍宝展”开幕式（2004年9月8日）

国家文物局副局长董保华（左五）出席我馆在北京炎黄艺术馆举办的“泰国国礼艺术特展”开幕式（2005年6月28日）

国家文物局局长单霁翔（右二）出席我馆在天津周恩来邓颖超纪念馆举办的“世界瑰宝——周恩来国务礼品特展”开幕式（2008年1月8日）

国家文物局副局长张柏（右二）审查我馆在中国人民革命军事博物馆举办的“世界瑰宝——中华人民共和国国际礼品展”（2008年7月31日）

全国政协副主席孙家正（左三）、文化部部长蔡武（左五）、中宣部副部长翟卫华（左一）和国家文物局局长单霁翔（右四）等出席“世界瑰宝——中华人民共和国国际礼品展”开幕式（2008年8月7日）

国家文物局局长单霁翔（后排左三）、副局长宋新潮（后排左二）等来我馆召开现场办公会（2010年12月27日）

1981

友博概况

友博简介

国际友谊博物馆是专门收藏、保护、研究和展示新中国对外交往中党和国家领导人接受的外交礼品的专题博物馆，隶属于国家文物局。

1981年1月，国际友谊博物馆筹备处成立。1991年12月，国际友谊博物馆转为正式建制博物馆。

国际友谊博物馆成立以来几易办公场所。1981年筹备处成立后，先后在故宫博物院、北海公园、北京劳动人民文化宫、北京市景山服装厂、中国革命博物馆等租借场地作为办公用房、藏品库房和展厅。1992年9月，迁至雍和宫附近的柏林寺内藏经楼院内办公，900平方米的藏经楼一层作为藏品库房。2002年10月，租用六铺炕一号原化工部礼堂作为藏品库房，藏品管理部与保卫处随迁办公，租用柏林寺藏经楼作为行政办公场所至今。

多年来，国际友谊博物馆一直担负着全国重要国际礼品的调查、征集、保藏和研究工作。目前已收藏来自世界170多个国家和地区的礼品近16000多件，大致分为30余类、上百个品种，如金银器、玉石、陶瓷、玻璃、竹木、牙骨、织物、纸质、皮革……这些礼品具有独特的历史价值、纪念价值、艺术价值和经济价值；且大多兼有双重性，或者既是外交礼品，又是外国艺术品、工艺品，或者既是礼品又是珍贵的化石标本。这种双重性，决定了国际友谊博物馆的特殊属性，构成与其他博物馆截然不同的鲜明特色和风格。

30年来，国际友谊博物馆克服没有固定展馆的困难，坚持履行博物馆宣传教育职能，除在北京举办5次基本陈列外，自1985年开始，将展宣工作拓展到全国各地，举办形式多样的巡回展览。粗略统计，在全国近30个省、市、自治区和香港特别行政区举办巡回展览130余次，观众逾千万人。巡展次数之多，辐射地域之广，实属少见，形成了国际友谊博物馆自身一大特色。

为贯彻落实“三贴近”要求，为构建和谐社会服务，国际友谊博物馆在总结多年来工作经验的基础上，认真策划研究，推出了“国礼神州行”宣传计划。自 2005年始，先后推出了“国礼中原行”、“国礼新疆行”、“国礼南粤行”、“国礼陕西行”等系列展览，受到各地观众的欢迎与好评。

国际友谊博物馆注重提升职工的文化素质与科研水平。目前，全馆在职职工48人中，有高级职称的研究人员9名，中级职称的研究人员18名；具有博士学位者1名、硕士学位者4名；馆内设有国礼研究中心、信息资料中心，拥有自己的门户网站；编辑出版书籍、图录和期刊20余种，发表学术论文50余篇，完成省、部级科研课题“博物馆评估定级暂行标准”、“博物馆陈列展览管理工作研究”（中前期工作），以及馆内科研课题“巡回展览文物保护工作规范”。

国际友谊博物馆的创建，填补了我国博物馆事业的一个空白，拓展了宣传新中国外交成就的领域，体现了党和国家领导人廉洁自律的风范，打开了欣赏异域文化精华、领略外国艺术风采的窗口，架设了增进中外友谊、促进中外文化交流的桥梁。国际友谊博物馆在以特色求发展中，为两个文明建设做出了积极贡献，得到了党和政府的支持，得到了社会各界的承认，得到了广大观众的欢迎，取得了良好的社会效益。

现任领导

领导班子成员
张健（左三）、黄元（左四）、相瑞花（左二）、安来顺（左五）、戚学慧（左一）

馆长　张　健

1963年10月出生，籍贯山东省。在职研究生学历，学士学位。

历任国家文物局直属机关团委书记、文化部团委常委；中国革命博物馆党委办公室主任；国家文物局办公室秘书处处长、国家文物局办公室助理巡视员；曾到宁夏银川市挂职，先后任郊区和金凤区党委常委、政府副区长；国际友谊博物馆馆长、党总支委员。

党总支书记　黄　元

1952年3月出生，籍贯北京市。大学本科学历。

历任内蒙古科左中旗文化局副局长、局长；国家文物局机关服务中心副主任、服务管理处处长、直属机关党委办公室主任、人事司副司长。现任国家文物局直属机关党委副书记；国际友谊博物馆党总支书记。

副馆长　相瑞花

1955年10月出生，籍贯河北省。大学本科学历，历史学学士学位，研究馆员。

历任崇文区成人教育局教研员、办公室副主任；中国革命博物馆陈列部主任、党支部书记、馆党委委员；国家博物馆展览二部主任；国际友谊博物馆副馆长、党总支委员。

副馆长　安来顺

1962年3月出生，籍贯天津市。在职研究生学历，博物馆学硕士学位、历史学博士学位，研究馆员。

历任《中国博物馆》杂志助理编辑、编辑、副编审、副主编，中国博物馆学会副秘书长、秘书长、副理事长兼秘书长；全国农业展览馆（中国农业博物馆）事业发展部主任；国际友谊博物馆副馆长。

馆长助理　戚学慧

1958年2月出生，籍贯河北省。大学本科学历、高级摄影师。

历任文化部办公厅团总支书记、秘书；文化部外联局团委书记、部团委常委、副处级监察专员；文化部房地产管理处处长；国家文物局机关服务中心房产财务处处长、机关服务中心党支部书记、副主任；国际友谊博物馆馆长助理、党总支委员、工会主席。

处室简介

办公室

办公室是我馆的重要行政管理部门，它的主要职能是：负责文秘工作；组织协调全馆业务、行政事务；并组织有关部门制定工作制度；对外联络、公共关系和形象宣传；负责人事、党、团、工、青、妇、老干部、纪检、综合治理等工作；负责全馆的财务、统计、预算编制和监督执行工作；完成馆领导交办的其他工作。下设秘书科、对外联络科、人事党务科、财务科。

办公室工作人员

左起：周燕红、颜鹏、张贵玲、李宗红、朱亚平、郝静、樊慧君、曹靖、隆文

秘书科

秘书科的主要职能：负责文书处理，机要文件和档案资料的保密、保管和归档整理；会议、汇报的记录与整理，撰写会议纪要；负责有关会议的组织、安排、协调，会议决议、领导批示件、交办事项的督查、督办；完成馆领导和部门领导交办的其他工作。

张贵玲（左）、隆文在忙于日常事务

对外联络科

对外联络科的主要职能：负责对外联络、公共关系、形象宣传、外事接待工作，完成馆领导和部门领导交办的其他工作。

人事党务科

人事党务科的主要职能：负责劳动、人事和工资管理，组织机构、人员编制和工作人员管理；人事聘用、任免及档案管理、社会保险管理；职工培训考核，专业技术人员的职称评审、聘用工作；承办职工工资、劳保、福利待遇和出国、出境人员的政治审查；人才资源的开发、引进、调配工作；工资总额的测算及人事、统计报表的编制分析工作；离退休人员、计划生育管理和献血等工作；在党支部领导下开展党、团、工、青、妇及统战工作；完成馆领导和部门领导交办的其他工作。

曹靖在查阅资料

财务科

财务科的主要职能：根据《会计法》和本馆要求制定财务、会计规章制度，并组织实施；负责财务的统一运行管理，编制年度预算、决算，掌握控制预算计划的执行，监督、检查经费的使用情况；编报财务、统计报表及住房公积金的管理；展览门票的收入管理工作；出版物的出售和资金回收；负责与经营有关的结算工作，负责资产管理资金运行，统一调整经费支配；负责工资、补贴等费用的发放工作；对全馆各创收部门财务实行代管或监管；完成馆领导和部门领导交办的其他工作。

周燕红（左）、郝静在紧张工作中

展览信息部

展览信息部是我馆重要的业务部门之一，它的主要职能：负责陈列展览的策划、实施工作；展览宣传、社会教育工作；图书、信息资料的收集与管理工作；编辑馆内刊物和学术出版物；开展相关的科学研究工作；完成馆领导交办的其他工作。下设展宣科、信息资料中心、国礼研究中心。

展览信息部工作人员
左起：项朝晖、张瑛、马先军、周彩玲、曾光、李红、王鹏远、蒋潇

展宣科

展宣科的主要职能：负责陈列展览的策划和项目申报，承担展览的内容设计、形式设计并组织施工制作；配合展览编写制作有关宣传品、纪念品；组织展览的宣传、参观、接待和讲解工作；做好和有关单位的协作交流活动；组织爱国主义教育及社区教育活动；开展相关的科学研究工作；完成馆领导和部门领导交办的其他工作。

周彩玲在布展

信息资料中心

信息资料中心的主要职能：负责全馆图书、报刊、业务档案资料的征订、收集、采编、借阅和管理工作；为馆内科学研究和政治学习提供资料文献；搜集、整理与我馆相关的媒体资讯；保管我馆展览资料及影像资料；收集、整理我馆学术出版物及研究人员发表的论文等；搜集、整理馆史资料并建立业务档案；开展馆际之间资料交流活动；收集、整理、交换业内刊物；开展信息、网络资源建设工作；开展相关的科学研究工作；完成馆领导和部门领导交办的其他工作。

王鹏远在布展

李红在资料室整理图书

国礼研究中心

国礼研究中心的主要职能：搜集、整理与国礼相关的国内外媒体资讯、档案资料；与国内外外交机构及相关人员进行必要的交流和联络，并建立业务档案；与国内外生产国礼的企事业单位进行必要的交流，探讨合作方式；与各省、市、自治区收藏外事礼品的机构开展必要的交流活动；编辑馆内刊物和学术出版物；开展相关的科学研究工作；完成馆领导和部门领导交办的其他工作。

曾光（左）、马先军在翻阅《新中国国礼档案》

藏品管理部

藏品管理部是我馆重要的业务部门之一，它的主要职能：负责藏品征集、鉴定、登记、收藏、保护、藏品拍摄等管理工作；开展相关的科学研究工作；完成馆领导交办的其他工作。下设库房管理科、综合业务科。

藏品管理部工作人员
左起：纪伟、隋立新、祝秀珍、范小渊、孟承光、董涛、王莹、黄璐、纪大谦、张克俭

库房管理科

库房管理科的主要职能：认真履行藏品出入库手续，严格管理，定期检查文物库房防盗、防火、防潮、防蛀及其他有可能损害文物的情况；严格遵守藏品库房保管制度和库房出入制度；做好藏品登记、分类、定级、统计工作；开展相关的科学研究工作；协助展览信息部提供展览目录及布展工作；完成馆领导和部门领导交办的其他工作。

董涛（左一）、黄璐（左二）、范小渊（左三）在库房工作

综合业务科

综合业务科的主要职能：负责藏品的征集工作，认真履行藏品征集手续；负责藏品的登编、灌号工作；负责藏品保护、修复工作；藏品的拍摄及图像档案的整理；藏品出版物的拍摄；馆内活动的拍摄工作；做好藏品建档、登记、分类、定级、统计工作；开展相关的科学研究工作；完成馆领导和部门领导交办的其他工作。

孟承光在拍摄文物

王莹在查阅藏品总登记帐

张克俭（左一）在接收全国政协移交的外事礼品（2003年11月）

行政管理部

行政管理部是我馆主要的行政管理部门，它的主要职能是：负责总务、资产管理、政府集中采购、后勤服务、经营管理、新馆筹建工作。主要职责：负责全馆的后勤保障、服务性工作；固定资产管理、政府集中采购等工作；经营开发、创收工作；新馆筹建工作；完成馆领导交办的其他工作。下设总务科、礼品经营开发中心、新馆筹建办公室。

行政管理部工作人员
前排左起：王燕军、宋佑隆、张京保、刘世平
后排左起：韩冀萍、王丹、刘淑娟、雷继锋、田洪涛

总务科

总务科的主要职能：负责全馆办公用房及库房的使用、调配、管理；社会集团购买力报批手续；采购、保管、供应办公用品及其他用品；馆内环境卫生、庭院美化绿化、电话、空调设备、水电暖气设备及管道的管理、保养和维修；车辆的保障与管理工作；职工住房供暖、住房公积金管理等相关工作；会议室、办公用房的清洁、服务、设备维修保养、室内清洁卫生工作；完成馆领导和部门领导交办的其他工作。

田洪涛在调试音响设备

经营开发中心

经营开发中心的主要职能：根据馆内授权依法开展经营创收，协调与有关单位的合作事项，在保证社会效益的前提下积极开展第三产业，创造经济效益，改善职工福利；由馆属部门向独立核算部门逐步过渡，制定最低标底在全馆范围内竞争上岗；聘任人员工资将逐步与馆里脱钩,实行自负盈亏，在与馆脱钩后可经馆里同意自行聘用工作人员；完成馆领导和部门领导交办的其他工作。

雷继锋在擦拭我馆复仿制品

新馆筹建办公室

新馆筹建办公室的主要职能：负责新馆筹备建设、改建项目的申报审批手续及预决算、招投标工作；审核、办理施工的有关手续和工程实施及质量监督；审核基本建设工程方案，对馆内基建、庭院、管线及设备图纸、技术资料进行整理、存档；完成馆领导和部门领导交办的其他工作。

保卫处

保卫处的主要职能：制定和完善安全保卫及消防规章制度，检查监督安全保卫和消防制度的落实；负责柏林寺办公区、六铺炕文物库房及办公区的人防、技防、消防等安全保卫工作；加强聘用保安人员的管理；组织进行全馆安全和消防教育工作；配合有关部门抓好社会治安、综合治理及交通安全工作；配合有关部门对临时展览场地安全设施提出意见并监督实施；负责临时展览文物运输期间的安全保卫工作；完成馆领导交办的其他工作。

保卫处工作人员

左起：倪述建、宋军伟、胡丙申、王猛、石周勋、吴凯、黄永春

黄永春（左一）、吴凯在中控室值班

1981

业务成果

2011

陈列展览

"世界工艺美术品展览"在故宫钟粹宫、景阳宫展出（1983年7月）

请柬（正）

订于一九八三年七月廿五日至七月卅一日，在故宫博物院钟粹宫、景阳宫举行世界"工艺美术品展览"（内部展出）。敬请光临指导。

国际友谊博物馆筹备处

请　柬

日　期：一九八三年七月廿五日至七月卅一日

时　间：上午八时半至下午四时半

每柬二人

展出期间一次有效

请柬（反）

"国际友谊珍品展览"在故宫钟粹宫、景阳宫展出（1984年4月25日～9月25日）

钟粹宫入口

开幕式上的外国朋友

展厅

展厅

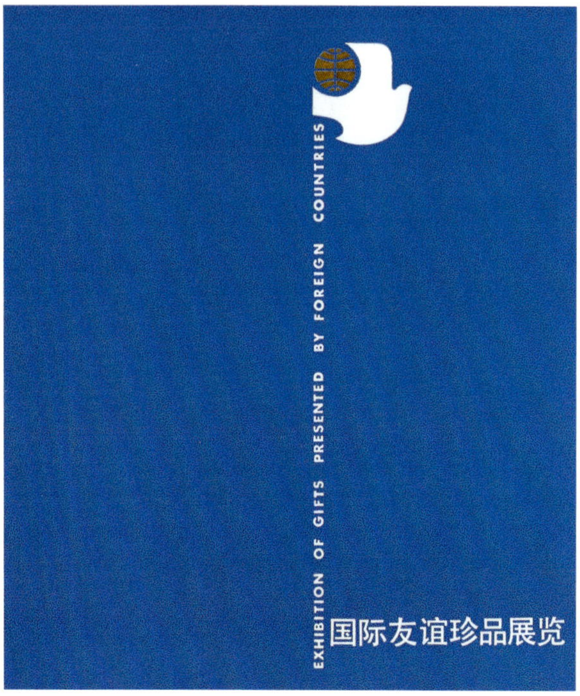

EXHIBITION OF GIFTS PRESENTED BY FOREIGN COUNTRIES

国际友谊珍品展览

请柬（正）

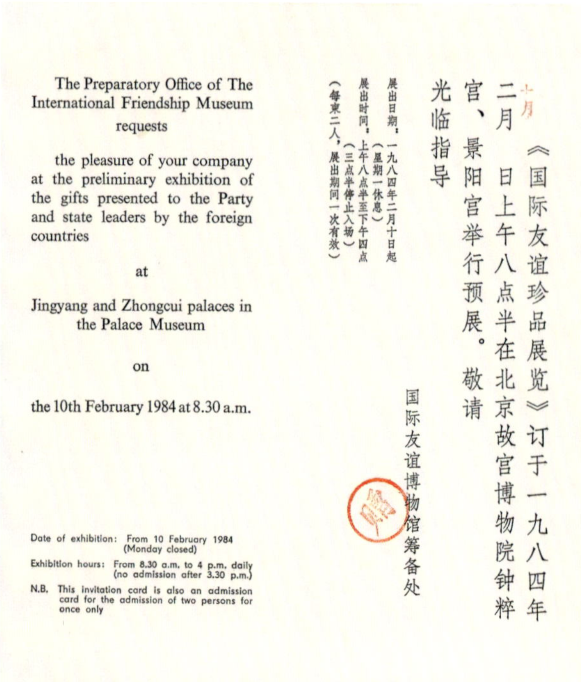

《国际友谊珍品展览》订于一九八四年二月十日上午八点半在北京故宫博物院钟粹宫、景阳宫举行预展。敬请光临指导

国际友谊博物馆筹备处

展出日期：一九八四年二月十日起（星期一休息）

展出时间：上午八点半至下午四点（三点半停止入场）

（每柬二人，展出期间一次有效）

The Preparatory Office of The International Friendship Museum requests the pleasure of your company at the preliminary exhibition of the gifts presented to the Party and state leaders by the foreign countries

at

Jingyang and Zhongcui palaces in the Palace Museum

on

the 10th February 1984 at 8.30 a.m.

Date of exhibition: From 10 February 1984 (Monday closed)

Exhibition hours: From 8.30 a.m. to 4 p.m. daily (no admission after 3.30 p.m.)

N.B. This invitation card is also an admission card for the admission of two persons for once only

请柬（反）

我馆第一个外地展览“国际友谊珍品展览”在广东民间工艺馆展出（1985年4月30日～6月15日）

展厅入口

展厅

展厅

展厅

展厅

“国际友谊珍品展览”在江苏省南京市博物馆展出（1986年6月～10月）

“国际友谊珍品展览”在云南省博物馆展出（1988年3月～5月）

展览开幕式

展厅

基本陈列“国际珍贵礼品展览”在中国革命博物馆展出（1990年9月～1992年12月）

序厅

序厅

展厅

展厅

展厅

展厅

重点展品的展示

深圳华侨城成立10周年之际，“国际珍贵礼品展览”在深圳华夏艺术中心展出。全国政协副主席钱伟长等有关领导以及来自世界各地的侨领出席开幕式。（1991年9月20日）

美籍华人陈香梅女士（右四）出席开幕式并与展览组工作人员合影

“国际友谊珍品展”在河南省郑州二七革命纪念馆展出（1992年4月）

"国际珍贵礼品展览"在广东省广东国际大厦展出（1993年1月）

"国际友谊珍品展"在我馆首个外地长期展览地——浙江省宁波市保国寺文保所展出（1996年2月15日～2001年12月31日）

展厅外景

展厅入口

廊道装饰

展厅

“我们的朋友遍天下——国际珍贵礼品展览”在广东省珠海市博物馆展出（1997年5月～11月）

序厅

展厅

基本陈列“国际珍贵礼品展览”在中国革命博物馆展出（1997年12月~2000年1月）

序厅

展厅

亚洲部分

银 器
中世纪欧洲，人们认为银器是唯一可以和黄金一样被用作祭祀上帝的贵重器皿。到了近代，银器行业被认为是最高尚的职业之一，银匠享受着令人羡慕的特权。现在，欧洲人仍视银器为高贵奢华品，外交往来中的馈赠品有很多是银器，品种包括各种工艺摆件实用器物、首饰等。

欧洲部分

非洲部分

大洋洲部分

请柬（正）

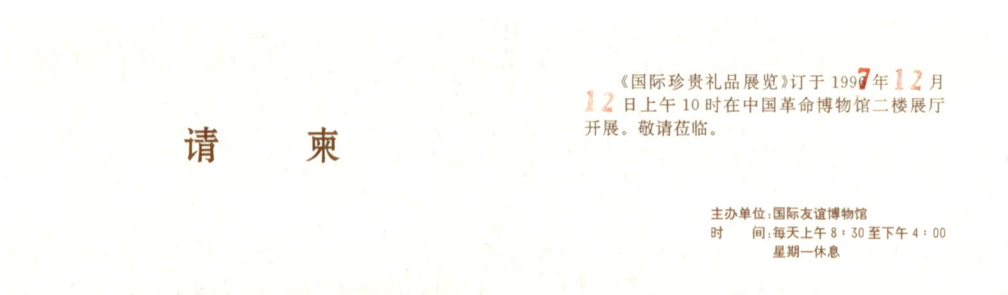

请　　柬

《国际珍贵礼品展览》订于1997年12月12日上午10时在中国革命博物馆二楼展厅开展。敬请莅临。

主办单位：国际友谊博物馆
时　　间：每天上午8：30至下午4：00
星期一休息

请柬（反）

展览门票

“国际珍贵礼品展”在陕西省西安市少年宫展出（1998年9月12日～10月12日）

"中国国际友谊博物馆珍品展"在广东省珠海机场展厅展出（1998年11月15日～22日）

序厅

展厅

“国际友谊礼品瑰宝展”在辽宁省沈阳故宫博物院展出（1999年9月28日～12月20日）

“我们的朋友遍天下——国际珍贵礼品展览”在广东省广州西汉南越王博物馆展出（1999年11月～2000年7月）

“非洲雕刻艺术展”在广东省广州西汉南越王博物馆展出。这是我馆首个雕刻类礼品专题展。展品共96件，包括木雕、象牙雕、石雕等，基本反映了非洲雕刻艺术的全貌。（2000年7月～12月）

序厅

展品

"国务礼品展——建国五十年外交珍贵礼品荟萃"在上海大剧院展出（2000年9月30日～11月28日）

展览开幕式

展厅

国家文物局局长张文彬接受媒体采访

展厅

"世界瑰宝——各国政要赠送我国三代领导人礼品精粹展"在安徽省博物馆展出（2001年1月18日～3月12日）

展厅外景

序厅

文物点交

为庆祝国际友谊博物馆成立20周年，“我们的朋友遍天下——新中国外交礼品精华展”在北京中华世纪坛艺术馆展出。(2001年12月25日～2002年1月25日)

展览开幕式

亚洲部分

非洲部分

美洲部分

镇馆之宝“瓷塑天鹅”的展示

国家文物局局长张文彬（右二）、原外交部礼宾司司长唐龙彬（右三）、原国家主席李先念夫人林佳楣女士（右五）等出席开幕式

为庆祝香港回归五周年，“我们的朋友遍天下——中国国务珍贵礼品大展”在香港展览中心展出。展览共展出馆藏珍品258件（套），特区行政长官董建华先生、中央驻港联络办公室主任姜恩柱等领导及各界人士近500人出席了开幕式。展览在香港引起轰动，受到香港同胞的欢迎。（2002年3月27日～4月5日）

序厅

展厅

亚洲部分

非洲部分

香港特区行政长官董建华（左三）在罗伯健馆长（左一）陪同下参观展览

香港律政司司长梁爱诗（右三）与展览组工作人员合影

中央驻港联络办公室主任姜恩柱（前排右四）等领导与展览组及相关人员合影

香港观众在领导人巨幅照片前合影留念

“从五大洲到中南海——党和国家领导人外交礼品特展”在青海省博物馆展出（2002年4月29日～6月2日）

展厅外景

展厅

“国礼展”在广东省南海市国际IT城展出。图为展览组工作人员项朝晖接受媒体采访（2002年8月）

为纪念邓小平诞辰100周年，“邓小平外交礼品展”在北京新闻大厦展出（2004年8月12日～23日）

展览开幕式

序厅回响《春天的故事》

展厅

少数民族儿童参观展览

"中国国务珍贵礼品展"在福建省厦门桥梁博物馆展出（2004年9月28日～12月6日）

展览开幕式

序厅

展厅

展厅

展厅

"国礼神州行"首篇"国礼中原行——中华人民共和国国务礼品展"在河南省郑州博物馆、南阳汉画像石博物馆、鹤壁市博物馆、三门峡市博物馆相继展出。展览共展出150件馆藏珍品，并编辑出版了展览图录。（2005年4月～11月）

"国礼中原行"项目负责人接受媒体采访（郑州）

展厅（郑州）

展览开幕式（鹤壁）

有关领导参观展览（鹤壁）

展厅外景（南阳）

为庆祝中泰建交30周年，由国际友谊博物馆和泰国驻华使馆联合主办的“泰国国礼艺术特展”在北京炎黄艺术馆展出。展览分为“中泰万年和”、“伟人的礼品”、“王室的馈赠”、“历史与文化”、“传统手工艺”、“华侨的祝愿”6个单元，展品129件，并编辑出版了展览图录。（2005年6月28日～7月12日）

展标

展厅

展厅

国家文物局副局长董保华（右二）、前驻泰大使柴泽民（右三）、李世淳（右六）、曾为邓小平访泰担任翻译的李茂先生（右五）等相关人士出席开幕式

“国礼神州行”第二篇“国礼新疆行——中华人民共和国国务珍贵礼品展”在新疆维吾尔自治区昌吉回族自治区博物馆、乌鲁木齐市博物馆、喀什体育馆相继展出。（2005年9月~2006年4月）

展厅外景（昌吉）

博物馆工作人员在发放宣传品（昌吉）

展厅（昌吉）

展厅（昌吉）

展厅（昌吉）

展厅外景（喀什）

第二届中国—东盟博览会期间，“东盟十国国礼特展”在广西壮族自治区博物馆展出。展览按东盟十国排序分为10个单元，展品200余件，并编辑出版了展览图录。（2005年10月18日～11月6日）

广西壮族自治区副主席吴恒等当地领导出席展览开幕式

展览组工作人员合影

展厅

展厅

“国礼南粤行——中华人民共和国国务珍贵礼品展”在广东省东莞市博物馆、江门市文化馆、中山市博物馆相继展出。（2005年11月~2006年8月）

文物到达展出地（江门）

展览开幕式（江门）

贵宾票
和平•友谊•发展
贵宾票
和平•友谊•发展
主 办：
中华人民共和国国家文物局
中国国际友谊博物馆
广东省群众文化学会
广东省民俗文化研究会
策划承办：
江门市五邑阳光广告有限公司
中华人民共和国国务珍贵礼品展·江门大展
■时间：01.20—02.20 ■地点：江门市文化城 ■开放时间：8:00-18:00
鸣谢单位：
江门市人民政府
中共江门市委宣传部
江门市文化广播电视新闻出版局
№ 0200333
№ 0200333

展览门票（江门）

亚洲礼品序言
亚洲各国与我国建交简表

展厅（中山）

“国礼巴蜀行——中华人民共和国国家领袖国务珍贵礼品特展”在重庆中国三峡博物馆展出（2006年7月16日～8月20日）

文物抵达重庆

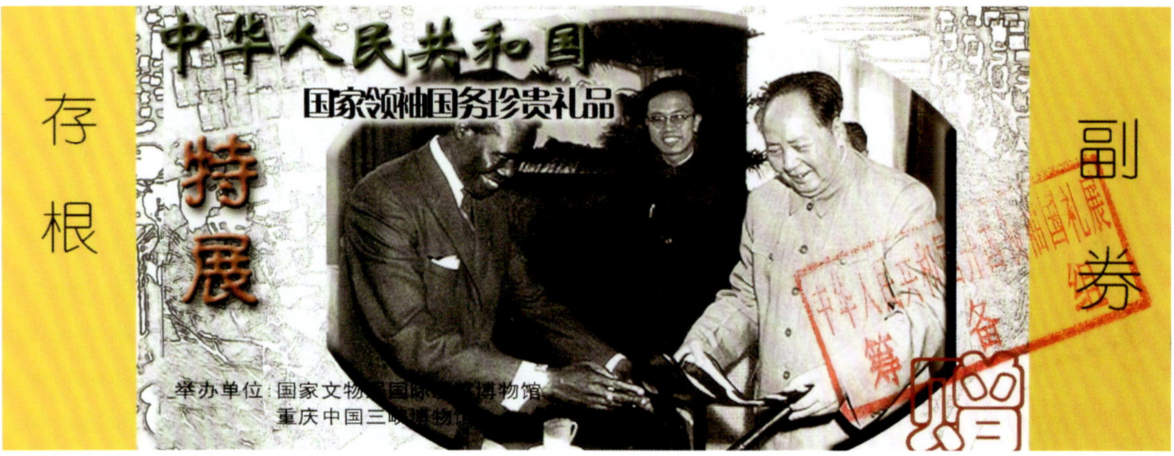

展览门票

“至尊国礼——中华人民共和国国礼巡展”在黑龙江省博物馆展出，国家文物局副局长张柏出席开幕式（2007年1月10日～2月28日）

展厅外景

展览组工作人员在布展

至尊国礼中华人民共和国国礼巡展
至尊国礼

展览开幕式

至尊国礼中华人民共和国国礼巡展
国家领导人珍贵礼品展
1月10日至 2月28日盛大开展
至尊国礼
中华人民共和国国礼巡展
国家领导人珍贵礼品展
DYCOM

序厅

“至尊国礼——中华人民共和国国礼巡展” 在浙江省湖州市博物馆展出（ 2007年2月10日～3月10日）

展厅外景

序厅

展厅

"国礼荟萃——中华人民共和国国务礼品展"在四川省成都武侯祠博物馆展出（2007年2月10日～3月25日）

展览开幕式

展厅

“天地精华——国际友谊博物馆馆藏宝石矿石精品特展”在中国地质博物馆展出，国家文物局副局长张柏参加开幕式。（2007年12月26日～2008年2月16日）

“世界瑰宝——周恩来国务礼品特展”在江苏省淮安市博物馆展出（2008年2月26日～3月25日）

青岛奥帆赛期间，“扬帆青岛——国际友谊博物馆馆藏舟船·海洋题材礼品展”在山东省青岛市博物馆展出。展览分为“舟船英姿”、“土著风尚”、“珠贝生辉”、“海洋生灵”4个单元，展品80余件，并编辑印制了展览图录。（2008年7月18日～9月18日）

展览开幕式

序厅

展厅

展厅

展厅

“至尊国礼——国际友谊博物馆馆藏珍贵礼品展”在北京中华民族艺术珍品博物馆展出（2008年7月18日～9月18日）

展厅外景

展厅

展厅

展厅

展览组工作人员合影

由国家文物局主办、我馆承办的大型专题展览“世界瑰宝——中华人民共和国国际礼品展”在中国人民革命军事博物馆展出。展览分为“亚洲”、“欧洲”、“非洲”、“大洋洲”、“美洲”5个单元，展品300多件，编辑出版了展览图录。作为入选“奥运文化节”名录的重要文化项目，该展共接待中外观众近30万人次，全国近百家主要电视、平面、网络媒体对展览作了相关报道。（2008年8月7日～9月26日）

展厅入口

亚洲部分

欧洲部分

非洲部分

大洋洲部分

互动区

互动区

"至尊国礼——中华人民共和国国际礼品展"在内蒙古自治区包头市博物馆展出（2008年9月26日～10月25日）

展览开幕式

展厅

展厅

“国礼陕西行” 之“至尊国礼——中华人民共和国国务珍贵礼品展”在陕西省铜川市耀州窑博物馆、西安半坡博物馆、宝鸡市青铜器博物馆、汉中市群众艺术馆相继展出。（2008年10月15日～2009年4月20日）

有关领导参观展览（铜川）

展览开幕式（西安）

观众排起长龙（西安）

展厅（宝鸡）

展厅（宝鸡）

西北锣鼓迎接“国礼陕西行”（宝鸡）

有关领导出席开幕式（宝鸡）

展览揭幕仪式（汉中）

“至尊国礼——国际友谊博物馆馆藏珍品展”在中国黄金集团大厦展出。“国礼展”依托中国黄金集团公司的大力支持，首次走进企业，是我馆贯彻落实“贴近实际、贴近生活、贴近群众”的要求，发挥博物馆社会教育职能的有益尝试，受到中国黄金集团公司领导和员工们的欢迎。（2009年5月18日～22日）

序厅

展厅

展厅

展览组负责人王鹏远为观众作讲解

为迎接新中国成立60周年，“乐舞缤纷——开国领袖·表演艺术题材外交礼品特展”在国家大剧院展出。展览分为“魅力舞姿”、“戏台百味”、“神秘面具”、“鼓乐交响”、“琴瑟抒怀”、“万千风情”6个单元，展品170余件，并编辑出版了展览图录。（2009年8月14日～9月2日）

序厅

展厅

面
神秘面具
面具的历史可上溯至古远的旧石器时代
人们用面具把自己装扮成怪兽或神鬼，并将其
赋予一定的象征意义。在宗教仪式上，佩带面
具象征着神灵或魔鬼；在狩猎时曾用来模拟动
物，祈望能射猎众多的野兽；在游戏舞蹈时，
可隐藏佩带者的身份，增加表演的魔幻气氛；
在艺术上，它也是高级迷人的头饰。现代社会
中，面具已发展成一门独特的造型艺术

展厅

展厅

展厅

“瓷塑天鹅”（仿制品）的展示设计

“世界瑰宝——庆祝新中国成立六十周年国务礼品特展”在上海市松江区月湖雕塑公园美术馆展出（2009年9月28日～11月10日）

“至尊国礼——中华人民共和国国际礼品展”在上海市闵行区博物馆展出。图为展览组工作人员在布展（2009年9月）

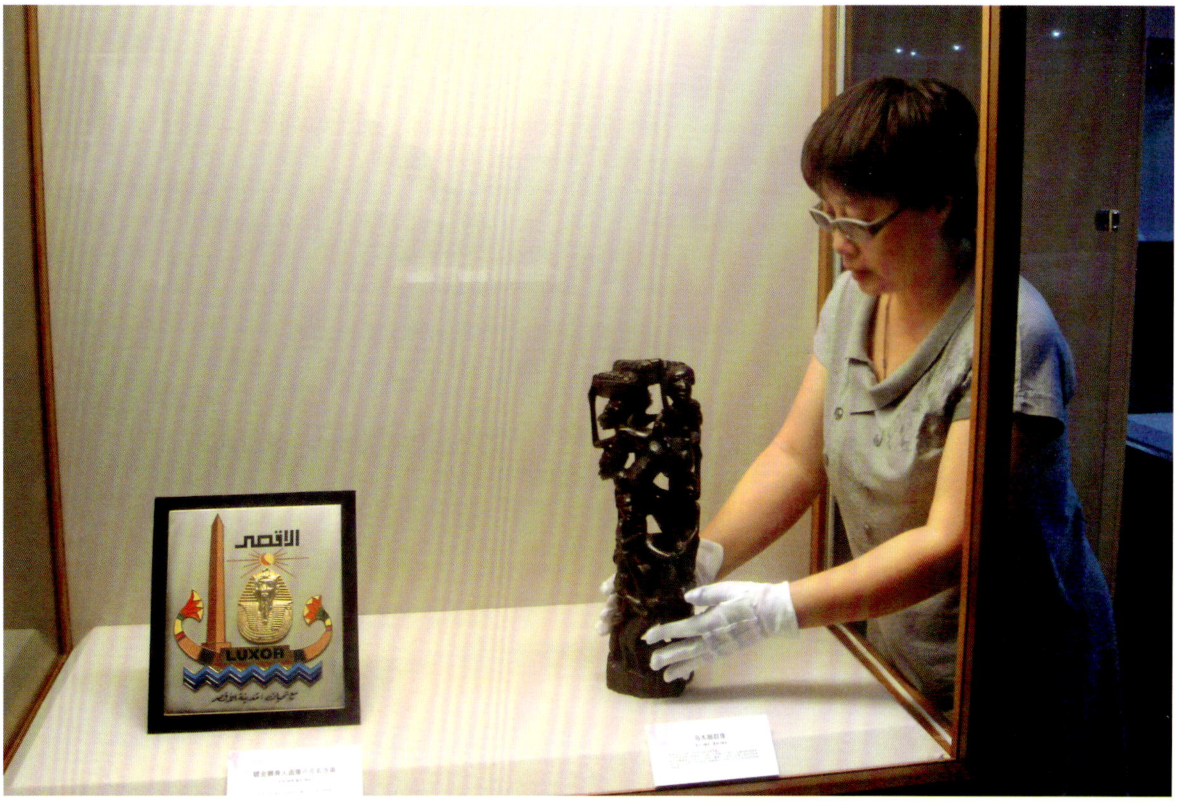

“和平礼赞——中华人民共和国国际礼品展” 在山西博物院展出。展览按五大洲划分单元，展品140余件，并编辑出版了展览图录。（2009年9月29日～11月25日）

展览开幕式

序厅

展厅

展厅

有关领导参观展览

"五洲珍宝——国际友谊博物馆馆藏精品展"在北京中华民族艺术珍品博物馆展出（2009年11月25日～2010年1月25日）

序厅

展厅

展厅

"至尊国礼——国际友谊博物馆馆藏精品展"在海南省博物馆展出（2010年3月18日～5月18日）

展厅外景

展厅

展厅

“至尊国礼——丝绸之路沿线友好国家国礼展”在西安大唐西市博物馆展出。展览展出了新中国成立以来，我国党和国家领导人、政府机构以及社会团体在与丝绸之路沿线国家进行外事交往活动中接受的礼品，包括瓷器、木雕、金属器、玉石器、绘画、漆器、玻璃器、织绣类等。礼品意韵深厚，风格独特，反映了新中国与丝绸之路沿线国家的友好交往及其优秀的文化传统和多样的艺术风貌。（2010年4月7日～7月14日）

展厅外景

国家文物局副局长张柏（左三）与展览组工作人员在展厅合影

展厅

展厅

展厅

天水伏羲文化节期间，“至尊国礼——中华人民共和国国际礼品展”在甘肃省天水市博物馆展出。此次展出100件展品，规模虽小，但设计制作较为讲究、精致。（2010年6月17日～8月10日）

展览开幕式场地

展厅

展厅

展厅

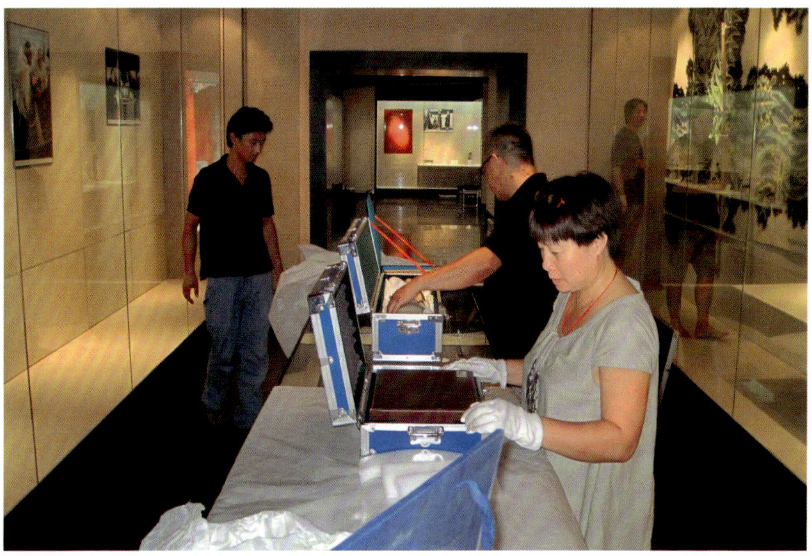

展览组工作人员在撤展

“明月和风——国际友谊博物馆藏伊斯兰国家国际礼品特展”在宁夏博物馆展出。展览分为“妙笔丹青”、“诗舞凝化”、“火土生花”、“錾煅华章”、“经纬古韵”、“圣泽斑斓”、“冷锋暖情”、“异彩纷呈”8个单元，展品120余件，并编辑出版了展览图录。该展不仅是第二届中国（宁夏）国际文化艺术旅游博览会的亮点，也吸引了参加“2010中国（宁夏）国际投资贸易洽谈会暨首届中国·阿拉伯国家经贸论坛”的国际友人，经承办方要求，展览数度延期。（2010年7月15日～2011年3月24日）

展标

前 言
早在1400年前，丝绸之路就把中国同伊斯兰世界联系在一起。伊斯兰教创始人穆罕默德说过：“学问，虽远在中国，亦当求之”。多种文化的交流与融合，汇成人类文明奔流不息的长河。
新中国成立后，中国政府奉行独立自主的和平外交政策，不断扩大和深化与伊斯兰国家的友好往来与合作，为世界和平与发展做出了重要贡献。在友好交往中，党和国家领导人、政府机构及社会团体接受了大量伊斯兰国家的珍贵礼品，这些礼品反映了伊斯兰国家优秀的文化传统和独特的艺术风格，具有很高的历史价值和艺术价值。
前言

展厅

展厅

自治区领导参观展览

来自阿拉伯国家的国际友人参观展览

展览设计人员王鹏远接受媒体采访

"至尊国礼——丝绸之路沿线国家国务礼品展"在甘肃省兰州市博物馆展出（2010年7月22日～9月15日）

展览开幕式

展厅

国际友谊博物馆历年来临时展览情况一览表

名称	合作单位	地点	时间
国际友谊珍品展览	广东民间工艺馆	广东民间工艺馆	1985.4.30~6.15
国际友谊珍品展览	广东省佛山市博物馆	广东省佛山市博物馆	1985.7.1~9.10
国际友谊珍品展览	江西省博物馆	江西省博物馆	1985.10.1~11.31
国际友谊珍品展览	福建省博物馆	福建省博物馆	1985.12~1986.3
国际友谊珍品展览	浙江省博物馆	浙江省博物馆	1986.3~5
国际友谊珍品展览	江苏省南京市博物馆	江苏省南京市博物馆	1986.6.2~10.15
国际友谊珍品展览	江苏省无锡博物馆	江苏省无锡博物馆	1986.11.15~1987.1
国际友谊珍品展览	广西壮族自治区柳州市博物馆	广西壮族自治区柳州市博物馆	1987.2~3
国际友谊珍品展览	江苏省徐州博物馆	江苏省徐州博物馆	1987.3~5
国际友谊珍品展览	河南省博物馆	河南省博物馆	1987.6~7
国际友谊珍品展览	河南省开封市相国寺文物管理处	河南省开封市相国寺文物管理处	1987.8.1~9.15
国际友谊珍品展览	陕西省西安碑林博物馆	陕西省西安碑林博物馆	1987.9.10~12.15
国际友谊珍品展览	四川省成都市博物馆	四川省成都市博物馆	1987.12.10~1988.2.29
国际友谊珍品展览	云南省博物馆	云南省博物馆	1988.3.15~5.15
国际友谊珍品展览	贵州省博物馆	贵州省博物馆	1988.6~7
国际友谊珍品展览	广西壮族自治区博物馆	广西壮族自治区博物馆	1988.7.10~8.31
国际友谊珍品展	湖南省博物馆	湖南省博物馆	1988.9.15~10.20
外国工艺美术品展览	中国历史博物馆	北京故宫端门东朝房	1988.12~1989.6
国际珍贵礼品展	北京航空博物馆	北京航空博物馆	1990.11~1994.11
国际珍贵礼品展览	江西省庐山博物馆	江西省庐山博物馆	1991.5~10
国际珍贵礼品展	江西省九江市博物馆	江西省九江市博物馆	1991.10~12
国际珍贵礼品展	广东省深圳华夏艺术中心	广东省深圳华夏艺术中心	1991.9~12
国际珍贵礼品展	广东省广州博物馆	广东省广州博物馆	1992.1
国际珍贵礼品展览	北京国际会议中心	北京国际会议中心	1992.2.1~4.3
国际友谊珍品展	河南省郑州二七纪念馆	河南省郑州二七纪念馆	1992.4.28
国际珍贵礼品展	中直管理局北戴河管理处	中直管理局北戴河管理处	1992.6~1994.10
国际珍贵礼品展	湖北省武汉二七纪念馆	湖北省武汉二七纪念馆	1992.11~12
国际珍贵礼品展	湖北省武汉科技馆	湖北省武汉科技馆	1992.12~1993.12

名称	合作单位	地点	时间
国际珍贵礼品展览	重庆图书馆	重庆图书馆	1993.12~1994.3
国际珍贵礼品展览	广东省广东国际大厦	广东省广东国际大厦	1993.1
国际珍贵礼品展	江西省南昌八一起义纪念馆	江西省南昌八一起义纪念馆	1993.2~10
国际珍贵礼品展	北京市长陵博物馆	北京市长陵博物馆	1993.4~1994.4
国际珍贵礼品展览	浙江省绍兴博物馆	浙江省绍兴博物馆	1993.5
国际珍贵礼品展	天津民俗博物馆	天津民俗博物馆	1993.6~1994.2
国际珍贵礼品展览	中国科技馆	中国少年儿童活动中心科技馆	1993.6~1994.1
国际珍贵礼品展览	南戴河中国万博文化城	南戴河中国万博文化城	1993.7~9
国际珍贵礼品展览	中国少年儿童活动中心	中国少年儿童活动中心科技馆	1994.1~6
国际珍贵礼品展览	山东省济南市科技馆	山东省济南市王雪涛纪念馆	1994.2~7
国际友谊珍品展览	浙江省宁波保国寺文保所	浙江省宁波保国寺文保所	1996.2.15~2001.12.31
国际珍贵礼品展览	湖北省浠水县科技馆	湖北省浠水县科技馆	1996.3~5
国际珍贵礼品展览	湖北省咸宁市科技馆	湖北省咸宁市科技馆	1996.5.8~6.8
国际珍贵礼品展览	湖北省武汉市东西湖区人防指挥部	湖北省武汉市东西湖区人防指挥部	1996.6.15~11.15
国际珍贵礼品展览	江西省庐山博物馆	江西省庐山博物馆	1996.9~1998.5
国际珍贵礼品展览	辽宁省大连国际公共关系公司	辽宁省大连外贸展览中心	1996.10~11
国际珍贵礼品展览	四川省宜宾市文化局	四川省宜宾市博物馆	1996.12~1997.2
我们的朋友遍天下 ——国际珍贵礼品展览	广东省珠海市博物馆	广东省珠海市博物馆	1997.5~11
国际珍贵礼品展览	广东省深圳市博物馆	广东省深圳市博物馆	1997.7.11~7.15
总统礼品特展	浙江省博物馆	浙江省博物馆	1998.1~5
我们的朋友遍天下 ——国际珍贵礼品展	捷达展览事业有限公司 北京市西城区保安公司	北京展览馆	1998.3.12~3.15
总统礼品特展	北京浩瀚博文文化艺术有限公司、浙江省金华严济慈图书馆	浙江省金华市严济慈图书馆	1998.5~10
国际珍贵礼品展	宏正国际经济信息咨询公司西安办事处、西安市少年宫	陕西省西安市少年宫	1998.9.12~10.12
总统礼品特展	北京浩瀚博文文化艺术有限公司、浙江省中国五金博物馆	浙江省永康市中国五金博物馆	1998.10~11
国际珍贵礼品展	广东省珠海骑士精品有限公司	珠海机场展厅	1998.11.15~11.22
国际珍贵礼品展	河北省博物馆 北京吉泰和科贸有限责任公司	河北省博物馆	1998.12.25~1999.4
国际珍贵礼品展览	山东省潍坊风筝博物馆	山东省潍坊风筝博物馆	1999.4.15~10.15
国际珍贵礼品展览	云南省委宣传部外宣办 云南省博物馆	云南省博物馆	1999.7.20~9.20

名称	合作单位	地点	时间
国际友谊礼品瑰宝展	辽宁省沈阳故宫博物院	辽宁省沈阳故宫博物院	1999.9.28～12.20
我们的朋友遍天下——国际珍贵礼品展览	广东省广州西汉南越王博物馆	广东省广州西汉南越王博物馆	1999.11～2000.7
国务活动珍贵礼品展	北京半山亭文化传播有限公司 剑南春集团有限公司 四川省博物馆	四川省博物馆	2000.3～5
非洲雕刻艺术展	广东省广州西汉南越王博物馆	广东省广州西汉南越王博物馆	2000.7～12
国际友谊礼品精品展	河南省郑州二七纪念馆	河南省郑州二七纪念馆	2000.9.28～2001.3.1
国务礼品展	上海东方色彩有限公司 上海大剧院	上海大剧院	2000.9.30～11.28
世界瑰宝——各国政要赠送我国三代领导人礼品精粹展	安徽省博物馆	安徽省博物馆	2001.1.18～3.12
国家外交礼品展览	山东省菏泽市文物事业管理处 菏泽市博物馆	山东省菏泽市博物馆	2001.3～5
我们的朋友遍天下——中国五十年世界各国外交礼品展	北京华夏之林文化艺术交流有限公司、浙江中国小商品城集团股份有限公司展览服务分公司	浙江省义乌中国小商品城	2001.5.26～6.26
开国领袖外交礼品展览	江苏省宿迁市成功信息咨询有限公司、宿迁市烈士陵园管理处	江苏省宿迁市苏北大战纪念馆	2001.6～7
老一辈党和国家领导人外交活动礼品展	浙江省杭州西湖博览会有限公司 杭州世贸中心	浙江省杭州市杭州世贸中心	2001.7
国际珍贵礼品展览	辽宁省旅顺博物馆	辽宁省旅顺博物馆	2001.8.～9
从中南海到五大洲 ——国际珍贵礼品展	河南省洛阳民俗博物馆	河南省洛阳民俗博物馆	2001.9.20～10.19
国际珍贵礼品展览	湖北省武汉博物馆	湖北省武汉博物馆	2001.9.28～10.28
国礼精品展	广东省东莞市中艺文化娱乐有限公司、东莞市东城文化中心	广东省东莞市东城文化中心	2001.9.29～10.31
我们的朋友遍天下——新中国外交礼品精华展	北京中华世纪坛艺术馆	北京中华世纪坛艺术馆	2001.12.25～2002.1.25
我们的朋友遍天下——中国国务珍贵礼品大展	香港中华文化城有限公司、北京北大青鸟环宇科技股份有限公司、香港华润（集团）有限公司	香港展览中心	2002.3.27～4.5
从五大洲到中南海——党和国家领导人外交礼品特展	青海省博物馆	青海省博物馆	2002.4.29～6.2
周恩来外交礼品展	江苏省南京市文物局 南京市梅园新村纪念馆	江苏省南京市梅园新村纪念馆	2002.4.30～5.30
开国领袖外交礼品展览	江苏省淮安市博物馆	江苏省淮安市博物馆	2002.7.1～7.15
国礼	广东省南海市兴达集团	广东省南海市国际IT城	2002.8.23～9.16

名称	合作单位	地点	时间
再现共和国外交辉煌——三代领导人外交礼品展	上海庭院经济与文化研究会	上海市工人文化宫	2002.9.20～11.30
国务礼品展	广东省深圳市博物馆	广东省深圳市博物馆	2002.9.25～10.14
国务礼品展	上海天昊企业形象策划有限公司	浙江省博物馆西湖美术馆	2002.10～2003.2
三代领导人外交礼品展	江苏省南京博物院	江苏省南京博物院	2003.3～4
三代领导人外交礼品展	浙江省宁波市天一阁博物馆	浙江省宁波市天一阁博物馆	2003.4.21～5.24
国务珍贵礼品展	黑龙江省齐齐哈尔市博物馆	黑龙江省齐齐哈尔市博物馆	2003.8～10
国际珍贵礼品展	北京富城华艺文化发展中心	福建博物院	2003.9～10
毛泽东革命文物、国礼、诗书手迹展	延安革命纪念馆 中央文献研究室科研部	上海青年文化活动中心	2003.11.11～12.31
新中国外交礼品展	江苏省苏州革命博物馆	江苏省苏州革命博物馆	2004.3～4
邓小平外交礼品展	北京新闻大厦	北京新闻大厦	2004.8.12～8.23
三代伟人获赠国礼珍宝展	陕西省图书馆	陕西省图书馆	2004.9～10
中国国务珍贵礼品展	福建省厦门桥梁博物馆	福建省厦门桥梁博物馆	2004.9.28～12.6
国礼中原行——中华人民共和国国务珍贵礼品展	河南省文物局 河南省郑州博物馆	河南省郑州博物馆	2005.4.28～6.3
国礼中原行——中华人民共和国国务珍贵礼品展	河南省文物局 河南省南阳汉画馆	河南省南阳汉画馆	2005.6.14～8.2
国礼中原行——中华人民共和国国务珍贵礼品展	河南省文物局 河南省鹤壁市博物馆	河南省鹤壁市博物馆	2005.8.15～9.15
国礼中原行——中华人民共和国国务珍贵礼品展	河南省文物局 河南省仰韶酒业有限公司 河南省三门峡市博物馆	河南省三门峡市博物馆	2005.9.27～11
泰国国礼艺术特展	北京炎黄艺术馆	北京炎黄艺术馆	2005.6.28～7.12
我们的朋友遍天下——党和国家领导人国务外交礼品巡展	新疆维吾尔自治区昌吉回族自治州博物馆	新疆维吾尔自治区昌吉回族自治州博物馆	2005.9.23～10.20
我们的朋友遍天下——党和国家领导人国务外交礼品巡展	新疆维吾尔自治区乌鲁木齐市博物馆	新疆维吾尔自治区乌鲁木齐市博物馆	2005.11.16～12.16
东盟十国国礼特展	广西壮族自治区文化厅 东盟十国论坛博览局	广西壮族自治区博物馆	2005.10.18～11.6
国礼南粤行——中华人民共和国国务珍贵礼品展	广东省东莞市博物馆	广东省东莞市博物馆	2005.11.28～12.28
国礼南粤行——中华人民共和国国务珍贵礼品展	广东省江门市广正管理顾问有限公司	广东省江门文化城	2006.1.20～2.20
国礼新疆行——中华人民共和国国务珍贵礼品展	新疆维吾尔自治区喀什体育馆	新疆维吾尔自治区喀什体育馆	2006.2.15～4.11

名称	合作单位	地点	时间
国礼南粤行——中华人民共和国国务珍贵礼品展	广东省中山市博物馆	广东省中山市博物馆	2006.7.1～8.5
至尊国礼	陕西省西安大唐芙蓉园	陕西省西安大唐芙蓉园	2006.7.12～8.11
中华人民共和国国家领袖国务珍贵礼品特展	重庆中国三峡博物馆	重庆中国三峡博物馆	2006.7.16～8.20
党和国家领导人获赠国礼珍宝展	西安晚报、西安电视台	陕西省图书馆	2006.8.17～9.21
至尊国礼——中华人民共和国国礼巡展	文化部中国文化管理学会 黑龙江省委宣传部 黑龙江省文化厅	黑龙江省博物馆	2007.1.10～2.28
至尊国礼——中华人民共和国国礼巡展	浙江省湖州市博物馆	浙江省湖州市博物馆	2007.2.10～3.10
国礼荟萃——中华人民共和国国务礼品展	四川省成都武侯祠博物馆	四川省成都武侯祠博物馆	2007.2.10～3.25
中华人民共和国国务礼品特展	江苏省徐州博物馆	江苏省徐州博物馆	2007.10.12～11.20
天地精华——国际友谊博物馆馆藏宝石矿石精品特展	中国地质博物馆	中国地质博物馆	2007.12.26～2008.2.16
世界瑰宝——周恩来国务礼品特展	天津市周恩来邓颖超纪念馆	天津市周恩来邓颖超纪念馆	2008.1.8～2.8
世界瑰宝——周恩来国务礼品特展	江苏省淮安市博物馆	江苏省淮安市博物馆	2008.2.26～3.25
扬帆青岛——国际友谊博物馆馆藏舟船・海洋题材礼品展	山东省青岛市博物馆	山东省青岛市博物馆	2008.7.18～9.18
至尊国礼——国际友谊博物馆馆藏珍贵礼品展	北京中华民族艺术珍品博物馆	北京中华民族艺术珍品博物馆	2008.7.18～9.18
世界瑰宝——中华人民共和国国际礼品展	中国人民革命军事博物馆	中国人民革命军事博物馆	2008.8.7～9.26
至尊国礼——中华人民共和国国际礼品展	内蒙古自治区包头市博物馆	内蒙古自治区包头市博物馆	2008.9.26～10.25
舟船神韵——国际友谊博物馆馆藏舟船题材礼品展	山东省烟台市博物馆	山东省烟台市博物馆	2008.9.26～11
至尊国礼——国际友谊博物馆馆藏珍贵礼品展	陕西省铜川市耀州窑博物馆	陕西省铜川市耀州窑博物馆	2008.10.15～11.20
至尊国礼——国际友谊博物馆馆藏珍贵礼品展	陕西省西安半坡博物馆	陕西省西安半坡博物馆	2008.11.28～2009.1.12
至尊国礼——中华人民共和国国际礼品展	陕西省宝鸡市青铜器博物馆	陕西省宝鸡市青铜器博物馆	2009.1.18～2.18

名称	合作单位	地点	时间
至尊国礼——中华人民共和国国务珍贵礼品展	陕西省汉中市群众艺术馆	陕西省汉中市群众艺术馆	2009.3.20～4.20
至尊国礼——中华人民共和国国际礼品展	天津市周恩来邓颖超纪念馆	天津市周恩来邓颖超纪念馆	2009.3.20～12.20
至尊国礼——国际友谊博物馆馆藏珍品展	中国黄金集团公司	中国黄金集团大厦	2009.5.18～5.22
乐舞缤纷——开国领袖·表演艺术题材外交礼品特展	国家大剧院	国家大剧院	2009.8.14～9.2
至尊国礼——中华人民共和国国际礼品展	上海市闵行区博物馆	上海市闵行区博物馆	2009.9.21～10.28
世界瑰宝——庆祝新中国成立60周年国务礼品特展	上海市松江区月湖雕塑公园美术馆	上海市松江区月湖雕塑公园美术馆	2009.9.28～11.10
和平礼赞——中华人民共和国国际礼品展	山西博物院	山西博物院	2009.9.29～11.25
五洲珍宝——国际友谊博物馆馆藏精品展	北京中华民族艺术珍品博物馆	北京中华民族艺术珍品博物馆	2009.11.25～2010.1.25
至尊国礼——国际友谊博物馆馆藏精品（海南）展	海南省博物馆	海南省博物馆	2010.3.18～5.18
至尊国礼——丝绸之路沿线友好国家国礼展	陕西省西安大唐西市博物馆	陕西省西安大唐西市博物馆	2010.4.7～7.14
至尊国礼——中华人民共和国国际礼品展	甘肃省天水市博物馆	甘肃省天水市博物馆	2010.6.17～8.10
明月和风——国际友谊博物馆藏伊斯兰国家国际礼品特展	宁夏博物馆	宁夏博物馆	2010.7.15～2011.3.24
至尊国礼——丝绸之路沿线国家国务礼品展	甘肃省兰州市博物馆	甘肃省兰州市博物馆	2010.7.22～9.15

国际友谊博物馆历年来临时展览举办地

黑龙江
齐齐哈尔
哈尔滨
吉林
沈阳
辽宁
内蒙古
包头
河北
北戴河
北京市
南戴河
天津市
旅顺
大连
银川
山西
石家庄
太原
宁夏
陕西
烟台
山东
济南
潍坊
青岛
鹤壁
郑州
开封
菏泽
铜川
宝鸡
西安
天水
汉中
三门峡
洛阳
徐州
宿迁
淮安
河南
南阳
安徽
江苏
南京
无锡
苏州
合肥
上海市
湖北
武汉
浠水
湖州
杭州
义乌
宁波
金华
绍兴
永康
咸宁
九江
庐山
浙江
重庆市
宜宾
湖南
南昌
长沙
江西
贵州
贵阳
福建
福州
广西
柳州
广东
厦门
台湾
南宁
佛山
广州
东莞
南海
深圳
江门
香港
中山
珠海
海口
海南

宣传教育

我馆向通州区觅子店小学捐书（2006年5月18日）

在中国农业博物馆举办的“2006博物馆及相关产品与技术博览会”是我国文博界在2004年成功举办首届博博会基础上的又一次大型综合性行业盛会，也是在我国成功申办2010年国际博物馆协会大会之后博物馆界的首次大型活动。在博博会上，我馆展区以主题鲜明，内容丰富，形式新颖吸引了众多参观者的目光。（2006年9月17日～19日）

展区

展区

国际友谊博物馆馆长张健、黄骅市博物馆馆长魏兰香共同签署两馆合作协议（2007年5月18日）

“新中国国务珍贵礼品图片展”在黄骅市博物馆拉开了帷幕（2007年5月18日）

张健馆长、刘起富副馆长和国家文物局博物馆处尹建明处长向受邀来北京参观学习的黄骅市小学生赠送学习用品（2007年8月）

张健馆长参加中央电视台“国宝档案”栏目为纪念香港回归10周年国礼专题节目录制（2007年6月14日）

国家文物局副局长张柏、毛泽东的亲属邵华来我馆参加“伟人毛泽东权杖”仿制品赠送仪式（2007年6月27日）

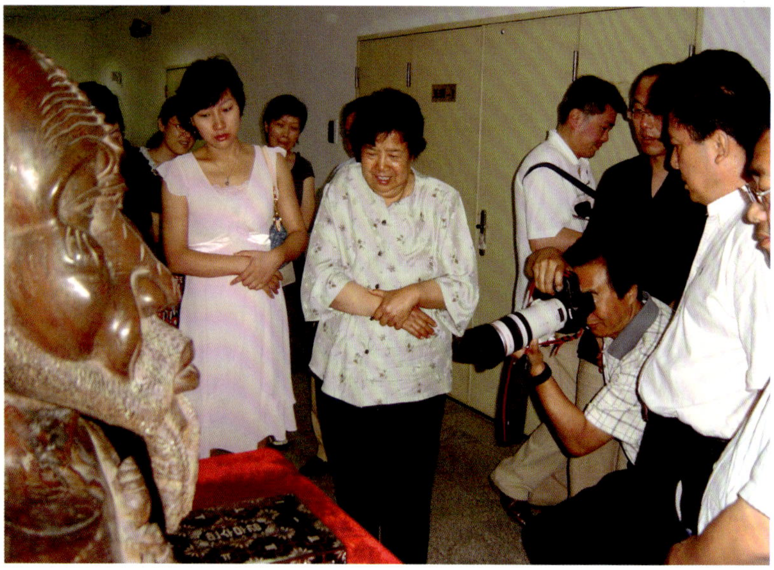

邵华观看赠送给毛泽东主席的馆藏礼品（2007年6月27日）

张健馆长、马先军副研究馆员参加天津电视台“艺品藏拍”栏目为“世界瑰宝——周恩来国务礼品特展”录制的特别节目（2008年1月12日）

张健馆长参加中央电视台“新闻会客厅”栏目节目录制（2008年1月17日）

为迎接“国际博物馆日”和“中国文化遗产日”，我馆在北京一师附小举办了“国礼与世界遗产图片展”和“国礼与世界遗产”知识讲座。（2008年5月）

知识讲座会场

展览组负责人张瑛作知识讲座

小学生观看展览

“国礼与世界文化之旅图片展”在北京工业大学艺术设计学院开幕（2009年5月18日）

我馆在海南省博物馆举办“国际博物馆日”宣传活动（2010年5月18日）

科学研究

大型画册《邓小平和国际友人》首发式在北京人民大会堂举行（1996年10月31日）

前国家主席李先念夫人林佳楣女士出席大型画册《刘少奇和国际友人》首发式（1998年11月23日）

国家文物局博物馆司在我馆召开流动展览工作研讨会。毛佩琦馆长作了《坚持办好流动展览，充分发挥馆藏文物的两个效益》的主题报告，并介绍了我馆的经验。（1999年6月28日）

庆祝建国50周年大型画册《我们的朋友遍天下——国际友谊博物馆藏品选》首发式在北京人民大会堂举行（1999年10月10日）

为研究博物馆陈列展览工作的规律和特点，提高博物馆陈列展览管理工作水平，国际友谊博物馆会同国家文物局有关司处组成“博物馆陈列展览管理工作研究”课题组，罗伯健馆长担任课题组组长。课题组赴宁、沪、杭、冀、豫、湘、鄂、陕、甘、青等10省市进行实地调研，考察了50多个博物馆的近百个陈列展览，拟写了一系列课题报告。我馆课题组成员拟写的论文《试论陈列展览的选题》、《关于异地展览的思考》分别发表于《中国博物馆》和《北京文博》。(2001年)

课题组在湖南参观考察（2001年5月）

课题组在湖北与当地文物主管部门有关领导、专家进行座谈（2001年6月）

课题组在陕西西安参观考察（2001年10月）

国家文物局副局长张柏出席我馆学术委员会成立暨专家座谈会（2005年12月10日）

为更好地发挥博物馆的社会教育职能，我馆展览信息部人员深入研究馆藏，策划了8个展览选题，并编印了《荟萃世界瑰宝　见证辉煌外交——国际友谊博物馆展览简介》。（2006年2月～4月）

封面、封底

International Friendship Museum

国际友谊博物馆隶属于国家文物局，是收藏、研究、展示和宣传中华人民共和国成立以来党和国家领导人、政府机构以及社会团体接受的外交礼品的专题博物馆。

目前，国际友谊博物馆已收藏来自世界五大洲170多个国家和地区以及国际组织的近2万件珍贵礼品，包括金银器、铜器、陶瓷器、玻璃器、漆器、玉石器、牙骨器、木雕、织绣、绘画、摄影作品等30多个门类。这些礼品异彩纷呈，或具有较高的艺术价值，反映了世界各国的文化传统和艺术风采；或具有极高的收藏价值，一些珍贵化石和动植物标本堪称稀世珍宝。它们是当代中外友好往来的实物见证，充分体现了新中国辉煌的外交成就。

自1981年筹建以来，国际友谊博物馆已先后在全国各地举办各种陈列展览近百次，其中1984年举办的《国际友谊珍品展》被列为建国35周年献礼项目之一；1990年举办的《国际珍贵礼品展览》被列为第十一届亚运会重点文化项目之一；2001年举办的《我们的朋友遍天下——新中国外交礼品精华展》展示了新中国成立以来的外交成就；2005年策划的《国礼神州行》展览正陆续在河南、广东、新疆、四川等地举办。丰富多彩的展览开辟了宣传新中国外交成就的新领域，打开了欣赏异域文化精华、领略外国艺术风采的窗口，架设了增进中外友谊、促进中外文化交流的桥梁，为两个文明建设做出了应有的贡献。

为了发挥博物馆在社会主义现代化建设，特别是构建社会主义和谐社会中的作用，做到“贴近群众，贴近实际，贴近生活”，我们初步策划了8个展览选题，并编印了这本小册子。此外，我们还可根据丰富的馆藏和社会需求，举办人物、地域、质地等不同类别的专题展。如刘少奇礼品展、周恩来礼品展、亚洲艺术展、绘画展、玻璃器展、船模展，等等。我们愿与社会各界广泛合作，共同构筑国礼的殿堂，让广大观众从中饱览世界瑰宝，感知辉煌外交，为建设和谐世界、和谐社会而努力奋进。

展览目录

简介、目录

国家文物局副局长张柏及博物馆专家20多人出席我馆基本陈列内容框架论证会（2006年7月14日）

张健馆长参加在昆明举行的中国博物馆建设论坛并作“博物馆不是文物和艺术品的仓库”演讲（2006年7月）

张健馆长主持在长春举行的“博物馆馆长论坛”部分活动并作题为“文化经济时代与博物馆资源开发利用”的演讲（2006年9月20日）

张健馆长参加安徽省博物馆建馆50周年纪念活动暨“新时期博物馆建设”论坛，并作“关于城市博物馆的思考”演讲。图为张健馆长接受记者采访。（2006年11月14日）

2006年11月7日、12月5日，我馆召开“巡展中的文物保护研讨会”。作为庆祝建馆25周年纪念活动之一，研讨会回顾了20多年来我馆的巡回展览工作，总结、研讨了在利用文物过程中，特别是展览中如何对文物进行科学、合理、有效保护的一些问题。在研讨会基础上，编辑印制了《巡回展览中的文物保护文集》。

著名文博专家苏东海先生来馆作题为“博物馆的发展走向与社会责任”学术讲座（2007年5月29日）

为更好地贯彻落实文物工作方针，促进巡回展览中藏品保护工作向科学化、规范化、制度化方向发展，全面提高我馆巡回展览中藏品保护水平，2007年6月，我馆成立拟定《国际友谊博物馆巡回展览文物保护规范》课题组。课题组由藏品管理部、展览信息部、保卫处人员组成，通过会议研讨、学习调研、编写制定等工作，经馆外专家和馆内职工修改、论证，我馆于2009年推出《国际友谊博物馆巡回展览文物保护规范》。

课题组在湖南省博物馆参观学习（2007年11月）

课题组与桂林市博物馆同行进行座谈交流（2007年11月）

为着力加强博物馆行业指导，完善我国博物馆行业标准，开展评估定级工作，逐步建立以展示教育、开放服务为核心的博物馆质量评价体系和政府、社会、公众代表相结合的监督管理体系，2007 年 6 月，国家文物局委托我馆进行“博物馆评估定级”课题研究。张健馆长担任课题组组长。通过会议研讨，考察调研，课题组提交了《全国博物馆评估办法(试行)》、《博物馆评估暂行标准》、《博物馆评估暂行标准说明》、《评分细则》等课题报告，并顺利通过国家文物局组织的论证。该课题的完成为全国博物馆评估工作的开展提供了制度保证。

张健馆长在四川成都主持召开座谈会（2007年6月23日）

安来顺副馆长为全馆作题为“博物馆：社会发展与变革的力量”学术讲座（2008年5月20日）

馆刊《中国国际友谊》于 1998 年 8 月创办，是宣传国际友谊博物馆的窗口，展示我馆业务和研究工作的平台，与读者进行交流探讨的媒介。馆刊秉承学术性、知识性、艺术性的办刊理念，内容丰富，图文并茂，下设国礼研究、陈列展览、工作探讨、专家论坛、学术园地、海外文博等多个栏目。10 余年来，我馆已出版七卷馆刊，它们联结着中外人民的友情，传播着和平友好的信息。

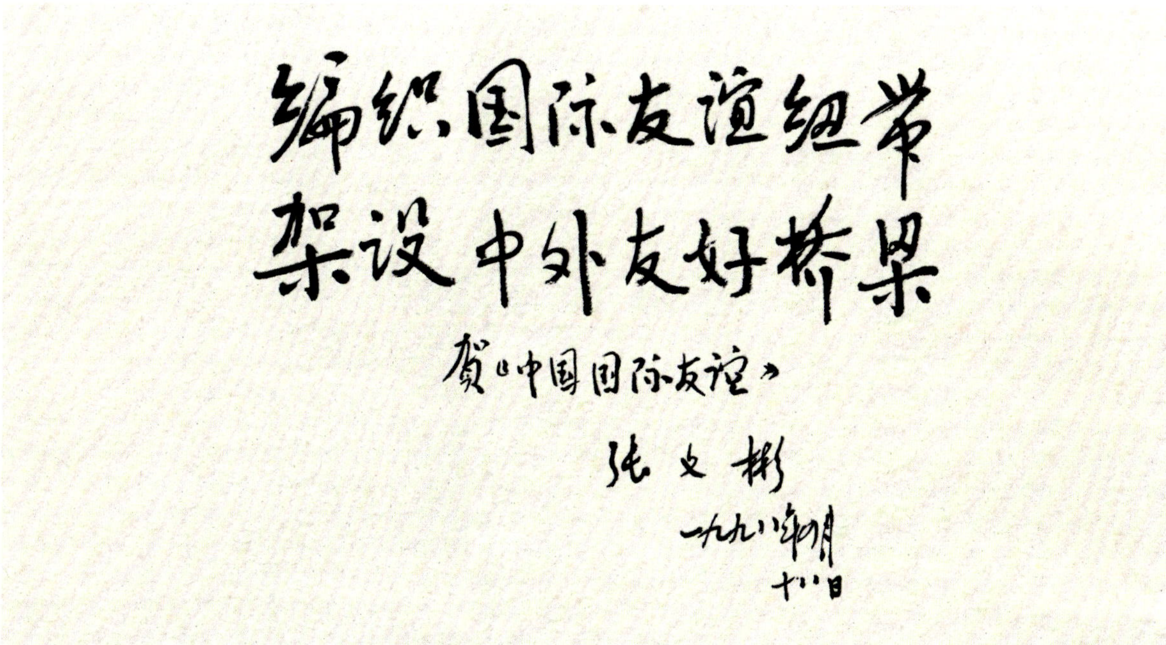

国家文物局局长张文彬为《中国国际友谊》题词

馆刊《中国国际友谊》 1～7卷

国际友谊博物馆主要著作

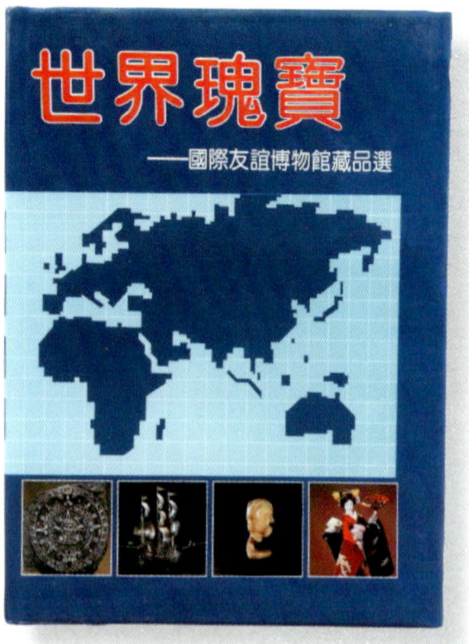

东盟十国国礼艺术
SPLENDID STATE GIFTS FROM THE
10 ASEAN COUNTRIES
国际友谊博物馆 编
文物出版社

天地精华
——国际友谊博物馆藏宝石矿石精品

帆影海韵
FANYINGHAIYUN
国际友谊博物馆 编

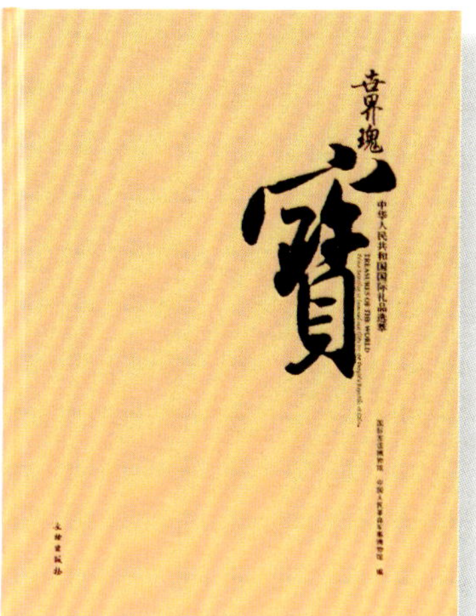
世界瑰寶
中华人民共和国国际礼品选萃

乐舞缤纷

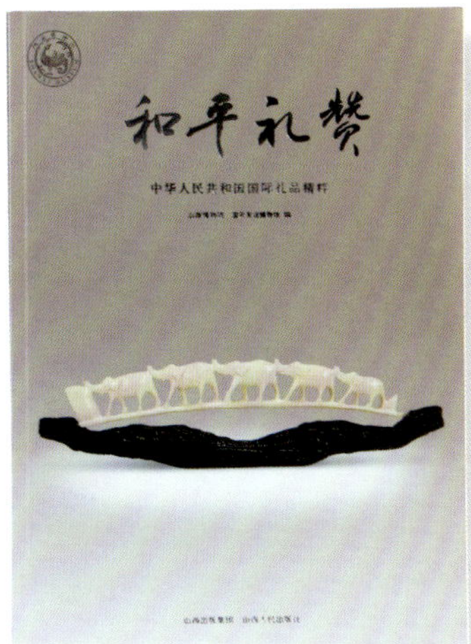
和平礼赞
中华人民共和国国际礼品精粹

至尊國禮
丝绸之路沿线国家
国务礼品选粹
文物出版社

明月和风
国际友谊博物馆藏
伊斯兰国家国际礼品
文物出版社

国际友谊博物馆
三十年文集
国际友谊博物馆 编
文物出版社

国际友谊博物馆主要图书一览表

《世界瑰宝——国际友谊博物馆藏品选》1993 年 8 月出版　地质出版社

《毛泽东和国际友人》1994 年 1 月出版　西苑出版社

《邓小平和国际友人》1996 年 7 月出版　人民出版社

《周恩来和国际友人》1998 年 4 月出版　人民出版社

《刘少奇和国际友人》1998 年 11 月出版　中央文献出版社

《国礼荟萃——国际友谊博物馆藏品精华》1999 年 7 月出版　中央文献出版社

《至尊国礼》1999 年 7 月出版　中央文献出版社

《我们的朋友遍天下——国际友谊博物馆藏品选》1999 年 9 月出版　中央文献出版社

《国礼的故事》2002 年 8 月出版　百花文艺出版社

《国礼神州行——中华人民共和国国务礼品展》2005 年 4 月出版　文物出版社

《泰国国礼艺术》2005 年 6 月出版　文物出版社

《东盟十国国礼艺术》2005 年 10 月出版　文物出版社

《天地精华——国际友谊博物馆馆藏宝石矿石精品》2007 年 11 月印制

《巡回展览中的文物保护文集》2007 年 11 月印制

《带你走进博物馆——国际友谊博物馆》2008 年 4 月出版　文物出版社

《帆影海韵——国际友谊博物馆馆藏舟船 · 海洋题材礼品选萃》2008 年 7 月印制

《世界瑰宝——中华人民共和国国际礼品选粹》2008 年 7 月出版

《乐舞缤纷——开国领袖 · 表演艺术题材外交礼品》2009 年 8 月出版　文物出版社

《和平礼赞——中华人民共和国国际礼品精粹》2009 年 9 月出版　山西人民出版社

《至尊国礼——丝绸之路沿线国家国务礼品选萃》2010 年 4 月出版　文物出版社

《明月和风——国际友谊博物馆藏伊斯兰国家国际礼品》2010 年 7 月出版　文物出版社

《国际友谊博物馆三十年文集》2010 年 12 月出版　文物出版社

《国际友谊博物馆三十年》2011 年 6 月出版　文物出版社

网站建设

国际友谊博物馆新版网站于2006年6月9日正式开通。新版网站由中国文物信息咨询中心提供技术支持，采用.NET技术进行建设。系统以互联网行业内较为先进和流行的Web2.0技术构建，基于C#的ASP.NET语言编写，同时配合图片数据库管理系统、电子期刊管理系统、BBS论坛管理系统，共同构建网站动态发布管理系统。

新版网站共拥有7个主要栏目，各类网页约3500页，图片2000余幅，文字100余万字，视频剪辑4个。这些内容细致全面地将国际友谊博物馆的机构设置、主要工作、馆藏文物、陈列展览、学术研究、社会服务等方面信息，在互联网上进行了展示，为社会各界更好地了解国际友谊博物馆提供了新的渠道。同时，网站还实现了论坛功能，构筑了普通群众与国际友谊博物馆直接交流的桥梁。

引导页

国际友谊博物馆
International Friendship Museum
中文简体 中文繁體 English
·“至尊国礼”在中国黄金集团大厦开展
·《国礼与世界文化之旅图片展》在北京工业大...
·《至尊国礼——中华人民共和国国际礼品展》...
·《至尊国礼—中华人民共和国国务珍贵礼品展...
·《至尊国礼——中华人民共和国国际礼品展》...
友博快讯
馆长致辞
友博概览
馆藏精粹
陈列展览
国礼故事
学术研究
社会服务
论 坛
用户名：
密码：
登录
注册
网站地图
馆长信箱
联系我们
文博网站链接
站内搜索
搜
2005国际友谊博物馆版权所有 Copyright © International Friendship Museum 中国文物信息咨询中心技术支持

首页

国际友谊博物馆
International Friendship Museum
中文简体 中文繁體 English
站内搜索
搜
首页 友博概览 馆藏精粹 陈列展览 国礼故事 学术研究 社会服务 论坛
首页 > 友博快讯
·国际友谊博物馆组织党员干部职工赴红旗渠参观学习 10-09-20
·《至尊国礼 明月和风——国际友谊博物馆馆藏伊斯兰国家国际礼品特展》在宁夏博物馆开幕 10-07-26
·《至尊国礼—国际友谊博物馆馆藏精品（海南）展》 10-03-20
·《五洲珍宝—国际友谊博物馆馆藏精品展》在中华民族艺术珍品馆开幕 10-02-02
·《世界瑰宝——庆祝新中国成立60周年国务礼品特展》在上海松江展出 09-11-24
·国际友谊博物馆召开党总支及中心组学习会议学习贯彻十七届四中全会精神 09-11-04
·《和平礼赞——中华人民共和国国际礼品展》开展 09-10-09
·国际友谊博物馆召开全馆干部职工学习大会 09-09-08
·“乐舞缤纷——开国领袖·表演艺术题材外交礼品特展”隆重开幕 09-08-19
·国际友谊博物馆召开总支扩大会议 09-07-13
·“至尊国礼”在中国黄金集团大厦开展 09-06-08
·《国礼与世界文化之旅图片展》在北京工业大学艺术设计学院开幕 09-05-27
·《至尊国礼——中华人民共和国国际礼品展》在天津周恩来邓颖超纪念馆展出 09-04-09
·《至尊国礼—中华人民共和国国务珍贵礼品展》在汉中群众艺术馆展出 09-04-09
·《至尊国礼——中华人民共和国国际礼品展》在宝鸡市青铜器博物馆展出 09-03-06
·《至尊国礼——国际友谊博物馆馆藏珍贵礼品展》在羊城博物馆展出 08-12-08
·国际博协第22届大会执行委员会第二次会议在京召开 08-11-18
·国家文物局领导到我馆现场办公 08-11-13
·《至尊国礼——国际友谊博物馆馆藏珍贵礼品展》在铜川耀州窑博物馆展出 08-10-29
·国际友谊博物馆召开深入学习实践科学发展观活动动员大会 08-10-28
·中华人民共和国国际礼品展在包头开展 08-10-14
·第一期“国际文博合作项目协调人培训班”开班 08-09-23
©2005 国际友谊博物馆版权所有 中国文物信息咨询中心技术支持
Copyright © 2005 International Friendship Museum , All Rights Reserved

“友博快讯”栏目

“馆藏精粹”栏目

“临时展览”栏目

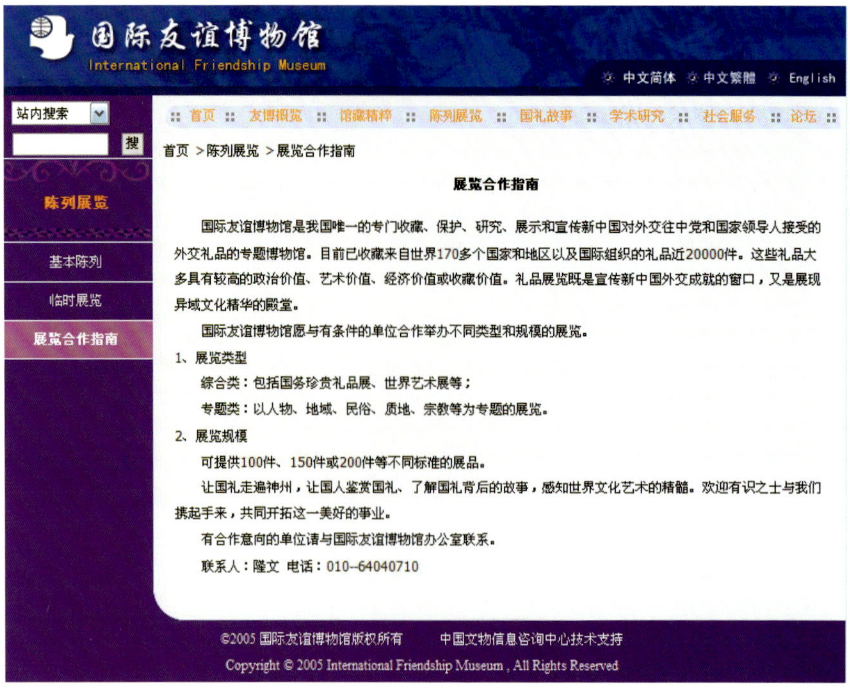

“展览合作指南”栏目

“国礼故事”栏目

“学术园地”栏目

“佳礼撷英”栏目

ICOM 2010大会

国际博物馆协会是国际博物馆界最大和最有影响的组织。国际博协大会每三年举行一次，是国际博协的最高权力机构，因其参加人数众多，具有广泛的代表性和最高的权威性，故享有“国际博物馆界奥林匹克”的美誉，并且成为举办国家的一次文化盛会。2006年，上海市获得第22届国际博协大会的主办权。根据国家文物局局长办公会议的决定，此次大会筹委会北京办公室（以下简称北办）设在国际友谊博物馆。2008年4月，北办正式启动，安来顺副馆长担任办公室主任，成员大都来自馆内相关部门。其主要工作如下：

——参与党和国家领导人、中央各部委领导、重要外宾参加大会的策划和接待工作；承担与外交部、文化部、国台办、国家文物局等国家部委联络工作；承担相关领导人出席会议发言稿的起草工作。

——承担与国际博协及所属各地区联盟、附属组织、国际各专业委员会、部分与会国际代表的联络工作；负责协调大会筹委会与国际博协之间礼品的互赠。

——参与大会筹委会、执委会、新闻发布会的组织协调及文案工作；协调上海地区以外贵宾、部分代表参加大会的注册和接待问题；举办若干次培训班和工作会议。

——负责大会主题深化和学术工作；负责出版相关图书、专刊；负责各次学术论坛的组织协调；负责大会宣言等文件的起草和协调工作；负责大会所用电子投票系统的招标、考察、确认、使用协调等工作。

——负责大会主旨发言人的邀请与联络工作；负责中国博物馆学会26个专业委员会的参会联络与协调工作；参与大会宣传推广工作。

本届大会于2010年11月7日至12日在上海世博中心举行，共有来自全世界122个国家、地区和国际性组织的3363名代表参加，其参加代表国别、人数均创历届国际博协大会之最。中共中央政治局委员、国务委员刘延东等党和国家领导人出席开幕式。大会筹委会和国家文物局对北办的工作给予充分肯定和赞赏。

国家文物局副局长张柏（左五）、中国博物馆学会理事长张文彬（左六）等参加国际博物馆大会北京筹备办公室成立会议（2008年4月16日）

国际博协第22届大会主题研讨会第三次会议在湖南长沙举行（2008年9月13日）

国际博协第22届大会执委会第二次会议在北京举行（2008年10月30日）

北办主任、安来顺副馆长在东京参加国际博协亚太地区大会并做主旨发言（2009年2月）

第二期国际文博合作项目协调人培训班在陕西西安半坡博物馆举行开学典礼（2009年5月7日）

国际博协第22届大会筹备会第三次会议在上海举行（2010年11月7日）

国际博协第22届大会筹委会向国际博协赠送礼品仪式在上海举行（2010年11月7日）

国际博协第22届大会中国—荷兰—南非三国“文化多样性与社区转型中少数民族社区发展”论坛在上海举行（2010年11月9日）

1981

交流往来

2011

国际友谊博物馆筹备处主任仇良（左一）、副主任刘云峰（右四）率队赴哈尔滨文庙参观考察（1982年5月）

国际友谊博物馆筹备处主任仇良（右一）赴沈阳故宫博物院参观考察（1982年）

国际友谊博物馆筹备处主任仇良（左一）、副主任刘云峰（左三）赴广东省博物馆参观考察（1982年）

国际友谊博物馆筹备处主任仇良（左二）、副主任刘云峰（左三）赴广西桂林博物馆参观考察（1982年）

国际友谊博物馆筹备处主任仇良（左一）、副主任秋振邦（左三）接待来访的国外博物馆界同行（1982年）

国际友谊博物馆筹备处副主任秋振邦（左三）、保管部负责人范小渊随中国博物馆工作者代表团出访朝鲜，参观考察朝鲜国际友谊展览馆等有代表性的博物馆和纪念馆（1987年11月）

国际友谊博物馆筹备处主任孙昇（左一）访问保加利亚（1990年12月）

庐山展览组在江苏南京参观博物馆、纪念馆（1991年6月）

左起：陆琼、蒋潇、蔡勇勤、纪伟、王鹏远

国际友谊博物馆筹备处主任孙昇访问朝鲜（1993年11月）

济南展览组在山东济南参观博物馆、纪念馆（1994年2月）

左起：张瑛、梁惠玉、蒋潇、王鹏远

宁波展览组在浙江河姆渡遗址参观学习（1996年2月）

左起：范世民、蒋潇、乔杨、张瑛、王鹏远

庐山展览组参观江西景德镇陶瓷历史博物馆（1996 年8月）

左起：崔立珍、隆文、张贵玲、陈淑英、韩冀萍、范世民、
王鹏远、张瑛、张弩、孟承光

以张健馆长（前排右四）为团长的中国文物代表团访问泰国，与大王城管理部门领导合影（2004年11月）

张健馆长（左二）与泰国文化部艺术厅领导合影

我馆接待朝鲜文物代表团（2005年11月20日）

我馆组织职工参观故宫科技修复中心（2006年3月）

基本陈列项目组进行筹展前期的考察调研工作，先后赴北京、天津、重庆、湖北武汉、湖南长沙、韶山等地近30个博物馆、纪念馆参观考察（2006年4月～2007年5月）

项目组在武汉博物馆参观考察

项目组在天津博物馆参观考察

我馆组织职工赴河北衡水、黄骅等地参观武强年画博物馆、黄骅市博物馆、王刁三鼻烟壶博物馆、沧州铁狮子博物馆等部分文保单位（2006年11月）

蒋潇（前排右一）赴香港参加国民教育中心纪念香港回归十周年活动（2007年5月）

以张健馆长（左五）为团长的中国博物馆馆长代表团赴法国、卢森堡、德国参观考察博物馆、文化遗产地（2007年6月28日～7月9日）

张健馆长随中国文物代表团访问越南、泰国、柬埔寨（2007年9月）

以相瑞花副馆长（左三）为团长的国际友谊博物馆代表团赴澳大利亚、新西兰参观考察博物馆、文化遗产地（2007年12月）

国际友谊博物馆代表团在新西兰毛利人文化村罗托卢瓦参观考察（2007年12月）

张健馆长（左二）、相瑞花副馆长（左一）接待来馆商谈合作事宜的澳门民政署官员（2008年3月7日）

张瑛（前排右一）随中国博物馆学会代表团赴美参加美国博物馆协会年会（2009年4月）

山西展览组在山西中国煤矿博物馆参观学习（2009年11月）

展览信息部调研组赴云南省文博单位参观调研，就陈列展览策划、设计、管理以及图书资料、网站建设等工作与大理白族自治州博物馆、丽江博物院、迪庆州博物馆、云南省博物馆领导和同行进行了交流和探讨。（2009年12月4日～14日）

调研组在大理白族自治州博物馆参观学习

调研组在丽江市博物院参观学习

藏品管理部调研组赴福建省文博单位参观调研，就文物库房管理、文物保护和文物包装等工作与福建省博物院、华侨博物院、厦门市博物馆保管部同行进行了交流和探讨，并参观了郑成功纪念馆、陈嘉庚纪念馆、海外交通史博物馆、闽台缘博物馆、中国船政文化博物馆等。（2009年12月9日～15日）

调研组在郑成功纪念馆参观学习

调研组在闽台缘博物馆参观学习

兰州展览组参观甘肃省博物馆（2010年7月）

宁夏展览组参观回乡风情园展览（2010年9月）

国际友谊博物馆30年

1981

生活园地

2011

学习教育

我馆职工与故宫武警战士在文华殿座谈联欢（1987年8月）

我馆工会会员在故宫文华殿合影（1989年8月17日）

我馆第一任工会主席蔡勇勤在故宫文华殿主持工会会议（1989年）

我馆组织职工赴中国人民抗日战争纪念馆参观学习（1993年）

我馆组织职工赴河北省西柏坡参观学习（2000年3月）

我馆组织职工赴河北省张家口参观大镜门长城遗址、元中都遗址、赤城县博物馆等文保单位（2006年8月）

我馆组织职工赴河北乐亭李大钊故居、纪念馆以及乐亭县博物馆参观学习（2007年8月）

我馆组织职工进行消防教育培训（2007年11月7日）

我馆组织职工参观北京市民防灾教育馆（2007年11月7日）

我馆组织职工赴河北西柏坡参观学习（2007年12月）

我馆召开“落实科学发展观，迎奥运，讲文明，树新风，作贡献”主题大会（2008年7月10日）

我馆组织职工赴陕西延安参观学习（2008年9月）

我馆组织职工赴江西井冈山参观学习（2009年10月）

我馆组织职工赴河南红旗渠参观学习（2010年8月）

黄元书记为全馆职工作理论学习报告（2010年8月）

蓬勃风貌

我馆首届职工运动会骑慢车比赛（1988年）

我馆首届职工运动会托球跑比赛（1988年）

我馆职工在云南大理（1988年3月）

我馆职工在北京门头沟珍珠湖（1990年6月）

我馆代表队参加文化部系统首届职工运动会（1992年9月）

蒋潇（左三）荣获文化部直属机关“巾帼风采”服装服饰展示优秀奖。图为彩排中（1998年3月）

我馆职工在国家文物局系统春节联欢会上表演男女声小合唱（2000年1月）

我馆职工在俄罗斯边境城市布拉戈维申斯克（2003年8月）

我馆代表队参加中央电视台“鉴宝”栏目节目摄制（2003年9月）

我馆职工在福建武夷山（2004年9月）

我馆代表队在国家文物局系统“2006年春季职工运动会”上表演广播体操

我馆代表队在国家文物局系统“2006年春季职工运动会”上获得3个冠军、4个亚军、2个季军

我馆代表队为参加国家文物局系统“颂歌献给党”歌咏比赛进行排练（2006年6月）

我馆代表队荣获国家文物局系统“颂歌献给党”歌咏比赛二等奖（2006年6月）

我馆代表队参加文化部系统合唱表演。图为演出后合影（2006年7月）

我馆职工在黑龙江吉华滑雪场（2007年1月）

我馆职工在四川九寨沟（2007年3月）

我馆代表队在国家文物局系统“2007年春季职工运动会”上获得2个单项冠军、1个单项亚军，并打破男子甲组百米国家文物局运动会记录

曾光多次参加中央国家机关、文化部、国家文物局等系统乒乓球赛事，均荣获前三名。图为曾光在“全国部分省市文物系统乒乓球比赛”中（2007年5月）

我馆举办庆“七一”职工艺术展（2007年6月）

我馆女职工参加国家文物局系统庆祝“三八节”活动（2008年3月）

我馆代表队在国家文物局系统“2008年春季职工运动会”上获得1个单项冠军、1个单项亚军、1个单项季军，以及4×100米女子甲组接力第三名的好成绩

我馆工会组织文娱活动（2008年5月）

我馆代表队参加文化部系统广播体操表演（2008年6月）

我馆职工在黄河壶口瀑布（2008年9月）

我馆代表队参加文化部系统保铃球比赛（2008年11月）

我馆代表队荣获“祖国在我心中——国家文物局系统庆祝新中国成立60周年歌咏比赛”二等奖（2009年9月）

我馆职工在江西庐山（2009年10月）

国家文物局副局长张柏来我馆参观职工艺术展（2009年11月）

我馆职工在云南茶马古道（2009年12月）

我馆代表队参加国家文物局系统“2010年春季职工运动会”跳绳比赛

我馆职工参加国家文物局系统“2010年春季职工运动会”

我馆职工在河南洛阳龙门石窟（2010年8月）

我馆职工在河南云台山（2010年8月）

王鹏远（右一）多次参加中央国家机关、文化部等系统游泳比赛，曾荣获第二名（2010年9月）

我馆职工在宁夏水洞沟古人类文化遗址（2010年9月）

1981

附　　录

机构沿革

*人名后括号内年代月份为任职时间

国际友谊博物馆筹备处（1981年1月～1992年3月）

主　任

仇　良
（1981～1983）

连燎原
（1984～1986.3）

孙　昇
（1988.10～1992.3）

副主任

秋振邦
（1981.5～1988.12）

刘云峰
（1981.5～1988.12）

杨　华
（1988.12～1992.3）

蔡勇勤
（1988.12～1992.1）

顾伯平
（1988.12～1992.3）

下设处室及负责人

办公室

负　责　人：孙秀珍（1983.5 ~ 1985.1）
副　主　任：孙秀珍（1985.1 ~ 1986.4）
主　　　任：孙秀珍（1986.4 ~ 1990.10）
鲍　勇（1990.10 ~ 1992.3）
何春茹（1992.3 ~ 1993.1）（代）

行政科（前为组）

组　　　长：崔喜缘（1985.1 ~ 1988.1）
科　　　长：蔡勇勤（1989.1 ~ 1989.7）（兼）
何春茹（1989.7 ~ 1993.1）
临时负责人：崔立珍（1991.11 ~ 1993.1）

保卫科

科　　　长：张永利（1989.3 ~ 1993.1）

基建办公室

主　　　任：宋佑隆（1991.10 ~ 1993.1）

陈列部（前为组）

组　　　长：郭淑芬（1985.1 ~ 1989.1）
主　　　任：郭淑芬（1989.1 ~ 1989.7）
鲍　勇（1989.7 ~ 1990.10）
张　弩（1990.10 ~ 1993.1）
副　主　任：鲍　勇（1989.1 ~ 1989.7）
刘　耀（1989.7 ~ 1991.1）
乔　杨（1991.1 ~ 1993.1）

保管部（前为组）

组　　　长：刘文阁（1981 ~ 1983.4）（借调）
白　澜（1984）
从培巧（1985 ~ 1987）
主　　　任：顾伯平（1989.1 ~ 1990.10）（兼）
范小渊（1990.10 ~ 1993.1）
副　主　任：范小渊（1989.1 ~ 1990.10）
张雪萍（1989.8 ~ 1991.5）

群众工作部

负　责　人：赵劲松（1986 ~ 1987）
主　　　任：梁惠玉（1989 ~ 1993.1）
副　主　任：赵德雨（1989.1 ~ 1993.1）
崔立珍（1990.10 ~ 1991.11）
王晓鹰（1991.11 ~ 1993.1）

观众服务部

负　责　人：梁惠玉（1989.9 ~ 1993.1）（兼）

国际友谊博物馆（1992年3月至今）

馆　长

孙　昇
（1992.3～1997.5）

毛佩琦
（1997.5～2000.7）

罗伯健
（2000.7～2004.1）

张　健
（2004.1～）

书　记

王良学
（2007.7～2010.2）

黄　元
（2010.3～）

副馆长

杨 华
（1992.3～1999.9）

顾伯平
（1992.3～1994.9）

张理萌
（1992.3～1994.11）

范世民
（1997.5～1997.9）

王志伟
（1997.9～2005.5）

王永茂
（2000.7～2005.5）

相瑞花
（2005.5～）

刘起富
（2005.5～2007.6）

安来顺
（2007.10～）

馆长助理

戚学慧
（2005.5～）

下设处室及负责人

1993～2002

办公室

主　　任：何春茹（1993.1～1997.12）
刘玉宏（2000.2～2002.4）
负 责 人：陈淑英（1995.1～1996.9）（主管财务）
临时负责人：陈淑英（1996.9～1998.1）
副 主 任：刘玉宏（1998.1～2000.2）（主持工作）
张永利（1998.1～2002.4）
张京保（1998.1～2002.4）

陈列部

主　　任：梁惠玉（1993.1～1996.7）
张　弩（1997.12～1998.2）
副 主 任：乔　杨（1993.1～1996.7）
张　瑛（1998.1～2002.4）
临时负责人：张　弩（1995.10～1997.12）（主持工作）
乔　杨（1996.7～1997.10）

保管部

主　　任：范小渊（1993.1～1996.8）
何春茹（1998.1～2002.4）
副 主 任：张克俭（1998.1～2002.4）
范小渊（1998.1～2002.4）
临时负责人：张克俭（1996.9～1998.1）
董　涛（1996.9～1998.1）

群众工作部（后改为宣传教育部）

副 主 任：赵德雨（1993.1～1998.1）
王晓鹰（1993.1～2002.4）

行政管理部

主　　任：宋佑隆（1993.1～1996.8）

副　主　任：崔立珍（1993.1 ～ 1995.12）

临时负责人：张京保（1996.9 ～ 1997.12）

保卫部

主　　　任：张永利（1993.1 ～ 1997.12）

2002～2005

办公室

临时负责人：宋佑隆（2002.4 ～ 2005.7）

　　　　　　张京保（2002.4 ～ 2005.7）

人事保卫处

临时负责人：刘玉宏（2002.4 ～ 2005.4）

　　　　　　张永利（2002.4 ～ 2005.7）

藏品部

临时负责人：范小渊（2002.4 ～ 2005.7）

　　　　　　陆　琼（2002.4 ～ 2005.7）

研究发展部

临时负责人：何春茹（2002.4 ～ 2004.4）

　　　　　　王晓鹰（2002.4 ～ 2005.7）

2005至今

办公室

主　　　任：朱亚平（2005.8 ～ ）

副　主　任：乔　杨（2005.8 ～ 2007.10）

　　　　　　樊慧君（2007.10 ～ ）

展览信息部

主　　　任：王晓鹰（2005.8 ～ 2006.8）

副　主　任：蒋　潇（2005.8 ～ 2006.10）

　　　　　　　　（2006.10 ～ ）（主持工作）

　　　　　　项朝晖（2007.2 ～ ）

藏品管理部

主　　　任：范小渊（2005.8 ～ ）

副　主　任：陆　琼（2005.8 ～ 2006.2）

　　　　　　隋立新（2006.3 ～ ）

行政管理部

主　　　任：宋佑隆（2005.8 ～ ）

副　主　任：张京保（2005.8 ～ ）

保卫处

处　　　长：张永利（2005.8 ～ 2007.10）

　　　　　　石周勋（2007.10 ～ ）

副　处　长：石周勋（2005.8 ～ 2007.10）

　　　　　　胡丙申（2007.10 ～ ）

大事记

1981年

仇良同志任国际友谊博物馆筹备处主任。

1月30日

中宣部批准成立“国际友谊博物馆筹备处”，筹备处暂设在故宫文华殿内。

1982年

中共中央政治局委员胡乔木同志审查我馆展览。

1983年

5月23日～8月30日

在故宫钟粹宫、景阳宫进行“世界工艺美术品展览”预展。

8月5日

国务院副总理李鹏同志审查我馆基本陈列。

1984年

连燎原同志任国际友谊博物馆筹备处主任。

共青团中央书记处书记胡锦涛、中共中央办公厅副主任冯岭安、国务院办公厅主任刘炳清参观我馆展览。

3月5日～5月20日

“国际友谊珍品展览”进行预展，邓力群、钱李仁、韩叙等领导同志前来审查展览。

9月25日

“国际友谊珍品展览”在故宫钟粹宫、景阳宫开幕。国家副主席乌兰夫、文化部部长朱穆之、对外友协会长王炳南、外交部副部长韩叙等领导同志出席了开幕式。

1985年

4月～6月

在广东民间工艺馆举办“国际友谊珍品展览”，该展是我馆举办的第一个外地展览。

7月～9月

在广东省佛山市博物馆举办“国际友谊珍品展览”。

10月～11月

在江西省博物馆举办“国际友谊珍品展览”。

12月～1986年3月

在福建省博物馆举办“国际友谊珍品展览”。

1986年

1月1日～1988年5月

我馆基本陈列“国际友谊珍品展览”在北海天王殿对外展出。

3月～5月

在浙江省博物馆举办“国际友谊珍品展览”。

6月～10月

在江苏省南京市博物馆举办“国际友谊珍品展览”。

11月～1987年1月

在江苏省无锡博物馆举办“国际友谊珍品展览”。

1987年

2月～3月

在广西壮族自治区柳州市博物馆举办“国际友谊珍品展览”。

3月～5月

在江苏省徐州博物馆举办“国际友谊珍品展览”。

6月～7月

在河南省博物馆举办“国际友谊珍品展览”。

8月～9月

在河南省开封市相国寺文物管理处举办“国际友谊珍品展览”。

9月～12月

在陕西省西安碑林博物馆举办“国际友谊珍品展览”。

11月

国际友谊博物馆筹备处副主任秋振邦、保管部负责人范小渊随中国博物馆工作者代表团出访朝鲜。

12月～1988年2月

在四川省成都市博物馆举办“国际友谊珍品展览”。

1988年

2月6日

文化部系统在京第六届人大代表、政协委员一行30余人在国家文物局局长吕济民同志陪同下到我单位视察。

3月～5月

在云南省博物馆举办“国际友谊珍品展览”。

6 月 ~ 7 月

在贵州省博物馆举办“国际友谊珍品展览”。

7 月 ~ 8 月

在广西壮族自治区博物馆举办“国际友谊珍品展览”。

9 月 ~ 10 月

在湖南省博物馆举办“国际友谊珍品展”。

10 月 7 日

孙昇同志任国际友谊博物馆筹备处主任。

12 月 ~ 1989 年 6 月

在北京故宫端门东朝房举办“外国工艺美术品展览”。

1989年

3 月

孙昇同志当选为国际友谊博物馆党支部书记。

1990年

7 月 10 日 ~ 11 日

王光美同志到我馆设在北海公园内的展厅参观并捐赠刘少奇接受的外事礼品 397 件。

9 月 19 日

作为第 11 届亚运会重点展览项目我馆基本陈列“国际珍贵礼品展览”，在中国革命博物馆二楼中厅开幕。全国政协副主席洪学智、中顾委常委王首道等领导同志为展览剪彩。

11 月

在北京航空博物馆举办“国际珍贵礼品展”。

12 月

国际友谊博物馆筹备处主任孙昇访问阿尔及利亚、南斯拉夫、保加利亚等国家。

1991年

5 月

在江西省庐山博物馆举办“国际珍贵礼品展览”。

9 月 ~ 12 月

在广东省深圳华夏艺术中心举办“国际珍贵礼品展览”。

10 月

在江西省九江市博物馆举办“国际珍贵礼品展览”。

12 月 25 日

人事部批准撤销国际友谊博物馆筹备处，成立国际友谊博物馆，编制 51 人。

1992年

1 月

在广东省广州博物馆举办“国际珍贵礼品展览”。

2 月 ~ 4 月

在北京国际会议中心举办“国际珍贵礼品展览”。

3 月 10 日

孙昇同志任国际友谊博物馆馆长。

4 月

在河南省郑州二七纪念馆举办“国际友谊珍品展”。

6 月

在中直管理局北戴河管理处举办“国际珍贵礼品展”。

6 月 23 日

经国家文物局批准，我馆机构设置为：办公室、陈列部、保管部、群工部、行政管理部、保卫部。

11 月 ~ 12 月

在湖北省武汉二七纪念馆举办“国际珍贵礼品展览”。

11 月 15 日

全馆办公机构由景山服装厂迁至柏林寺藏经楼。

12 月 ~ 1993 年 12 月

在湖北省武汉科技馆举办“国际友谊珍品展”。

1993年

2 月 ~ 10 月

在江西省南昌八一起义纪念馆举办“国际珍贵礼品展览”。

4 月 ~ 1994 年 4 月

在北京市长陵博物馆举办“国际珍贵礼品展览”。

6 月～ 1994 年 2 月

在天津民俗博物馆举办“国际珍贵礼品展览”。

6 月～ 1994 年 1 月

在中国少年儿童活动中心科技馆举办“国际珍贵礼品展览”。

9 月 16 日

我馆第一部大型画册《世界瑰宝——国际友谊博物馆藏品选》首发式在北京人民大会堂举行。

11 月

孙昇馆长访问朝鲜。

12 月～ 1994 年 3 月

在四川省重庆图书馆举办“国际珍贵礼品展览”。

1994年

1 月～ 6 月

在中国少年儿童活动中心科技馆举办“国际珍贵礼品展览”。

2 月～ 7 月

在山东省济南市王雪涛纪念馆举办“国际珍贵礼品展览”。

1995年

1 月 20 日

《毛泽东和国际友人》画册首发式在北京原六国饭店举办。全国人大常委会副委员长雷洁琼等领导同志出席了首发式。

1996年

2 月～ 2001 年 12 月

在浙江省宁波保国寺文保所举办“国际友谊珍品展览”。

9 月～ 1998 年 5 月

在江西省庐山博物馆举办“国际珍贵礼品展览”。

10 月 31 日

大型画册《邓小平和国际友人》在北京人民大会堂举行首发式。全国人大常委会副委员长王光英、程思远等领导同志出席首发式并讲话。

12 月～ 1997 年 2 月

在四川省宜宾市博物馆举办“国际珍贵礼品展览”。

1997年

5月4日

毛佩琦同志任国际友谊博物馆馆长、党支部书记。

5月～11月

广东省珠海博物馆举办“我们的朋友遍天下——国际珍贵礼品展览”。

6月10日

《友博通讯》创刊。

7月

在广东省深圳市博物馆举办“国际珍贵礼品展览”。

7月31日

经国家文物局批准，我馆设置4个处级机构：办公室（人事保卫处）、陈列部、保管部、宣传教育部；同意设置9个处级领导职数，内设机构和领导职数可根据事业发展和人员结构变化，适时调整增设。

9月25日

中共中央政治局委员、国务委员兼国务院秘书长罗干，中共中央政治局候补委员、中央书记处书记兼中共中央办公厅主任曾庆红，中共中央办公厅副主任胡光宝，在中共中央宣传部副部长兼文化部部长刘忠德、文化部副部长李源潮、国家文物局局长张文彬等陪同下，到我馆设在中国革命博物馆的展厅审查基本陈列。

12月12日

我馆基本陈列“国际珍贵礼品展览”在中国革命博物馆二楼展厅揭幕。文化部副部长徐文伯、国家文物局局长张文彬出席了开幕式。

1998年

1月～5月

在浙江省博物馆举办“总统礼品特展”。

8月

《中国国际友谊》第一卷出版。

9月～10月

在陕西省西安市少年宫举办“国际珍贵礼品展览”。

11月

在’98中国国际航空航天博览会珠海机场展厅举办“国际珍贵礼品展览”。

11月23日

为纪念伟大的无产阶级革命家刘少奇同志诞辰100周年，我馆与中央文献出版社在人民大会堂海南厅举行《刘少奇和国际友人》大型画册出版首发仪式。国家文物局局长张文彬、中共中央直属机关事务管理局常务副局长李新、中共中央办公厅特会室副主任张育斌、全国政协机关事务管理局副局长刘文江、中国国际友谊促进会会长黎虹等与前国家主席李先念同志夫人林佳楣女士出席。

12月～1999年4月

在河北省博物馆举办“国际珍贵礼品展览”。

1999年

4月～10月

我馆与山东省潍坊风筝博物馆合作举办“国际珍贵礼品展览”，展出馆藏国际珍贵礼品200件。

5月9日～10日

我馆召开座谈会，及时传达了中央有关文件精神，愤怒声讨以美国为首的北约5月8日野蛮轰炸我驻南联盟大使馆的暴行。

会议还起草了国际友谊博物馆全体职工对北约暴行的“抗议信”。

5月18日

5月18日是世界博物馆日。我馆围绕着“发现的快乐”这一主题，在天坛公园举办了“国际友谊博物馆图片展”，同时设在中国革命博物馆的我馆展厅免费开放一天。

6月28日

国家文物局博物馆流动展览工作研讨会在我馆召开。国家文物局博物馆司领导以及中国历史博物馆、中国革命博物馆、鲁迅博物馆、故宫博物院、中国博物馆学会、中国文物交流中心、北京市文物局等单位的代表参加了此次研讨会。研讨会上，毛佩琦馆长作了“坚持办好流动展览，充分发挥馆藏文物的两个效益”的主题报告。办公室副主任张永利及宣教部副主任王晓鹰同志分别作了“加强流动展览的安全保卫工作是做好流动展览的可靠保证”和“浅谈图片展览的社会作用”的专题报告。

7月20日～9月20日

我馆与云南省委对外宣传办公室合作，在云南省博物馆举办“国际珍贵礼品展览”,展出馆藏国际珍贵礼品200件。云南省人民政府把这次展览作为配合“1999昆明世界园艺博览会”的重要文化活动之一。

8月2日

根据国家文物局的要求，我馆成立项目课题组，正式启动“国际友谊博物馆文物藏品管理系统及网站工程”的课题研究。

8月10日

国家文物局主办的中国文物博物馆事业50周年成就展于8月13日至10月17日在中国革命博物馆中央大厅举办。我馆为展览提供了3件馆藏国际珍贵礼品——银掐丝玉石座油橄榄树、牛角鹰头柄刀和佛龛。

8月25日

外交部为参加建国50周年成就展，向我馆借用藏品15件。

在为期一个月的建国50周年成就展期间，外交展区共接待了50万人次观众。我馆的文物作为凝固的历史，强烈地吸引着广大观众。

为感谢我馆的支持与帮助，外交部于10月19日专门给我馆发来感谢信。

8月26日

我馆组织召开基本陈列修改研讨论证会。中共中央办公厅特别会计室张玉斌副主任、刘欣处长，外交部办公厅办公室张淑凤副主任，外交部礼宾司林楠处长，外交部档案馆孙卫东处长，国家文物局博物馆司李文儒司长、袁南征处长，以及中国革命博物馆的专家夏传鑫、李俊臣到会，并就我馆基本陈列修改提出了意见。

9月

我馆编写的大型图录《国礼荟萃》、《至尊国礼》由中央文献出版社出版发行。

为庆祝中华人民共和国成立50周年，由中国国际友谊促进会和国际友谊博物馆合作编辑的《我们的朋友遍天下——五十年中国外交珍贵礼品选》，由中央文献出版社出版。

9月～12月

我馆与沈阳故宫博物院合作举办“国际友谊礼品瑰宝展览”，共展出馆藏珍贵礼品139件。

10月10日

我馆编写的大型画册《我们的朋友遍天下》在北京人民大会堂举行首发式。

11月3日

原中共中央政治局常委刘华清同志在国家文物局局长张文彬的陪同下，到我馆展厅视察。

11月～2000年7月

我馆与广州市西汉南越王博物馆合作举办“我们的朋友遍天下——国际珍贵礼品

展览”。

2000年

1月24日

因中国革命博物馆展厅维修，我馆基本陈列撤出。

3月～5月

我馆与四川省博物馆合作举办“国际珍贵礼品展览”。

3月17日

按照中央和国家文物局党组的有关要求，我馆党支部认真开展了“三讲”教育活动。

5月

从上海市政府接收朱镕基同志任上海市长时的外事礼品26件。

5月18日～21日

我馆参加在劳动人民文化宫举行的“致力于社会和平与和睦的博物馆”为主题的博物馆日活动。

7月

从全国妇联接收彭佩云等领导同志的外事礼品136件（套）。

馆刊《中国国际友谊》第二卷出版。

7月5日、7月18日

经国家文物局批准，罗伯健同志任国际友谊博物馆馆长、王永茂同志任国际友谊博物馆副馆长。

7月～12月

我馆在广州西汉南越王博物馆举办“非洲雕刻艺术展”。

9月22日

经国家文物局批准，罗伯健同志担任我馆党支部书记、王永茂同志担任党支部副书记。

9月～2001年3月

我馆与郑州二七纪念馆合作举办“国际友谊礼品精品展”，共展出馆藏国际珍贵礼品158件。

9月30日～11月28日

我馆在上海大剧院举办“国务礼品展”，共展出馆藏国际珍贵礼品400件。

2001年

1月～3月

我馆与安徽省博物馆合作，举办“世界瑰宝——各国政要赠送我国三代领导人礼品精粹展”。

3月～5月

我馆与荷泽市文物事业管理处合作，在荷泽市博物馆举办“国家外交礼品展览”，展出馆藏国际珍贵礼品158件。

6月

国家文物局博物馆司、中国博物馆学会保管专业委员会编辑的《博物馆藏品保管文集》由中华书局出版发行。我馆参与了该书编辑中的大量工作。

6月～7月

我馆与宿迁市成功信息咨询有限公司、宿迁市烈士陵园管理处合作，在宿迁市苏北大战纪念馆举办“开国领袖外交礼品展览”，共展出馆藏国际珍贵礼品120件。

7月

根据财政部有关文件要求，我馆完成藏品清产工作，并汇总上报。

8月～9月

我馆与旅顺博物馆合作，在旅顺博物馆举办“国际珍贵礼品展览”，共展出馆藏国际珍贵礼品100件。

9月6日

我馆的防火防盗改造工程按要求全部完工。

9月～10月

我馆与洛阳民俗博物馆合作，在洛阳民俗博物馆举办“从中南海到五大洲——国际珍贵礼品展览”，共展出馆藏国际珍贵礼品100件。

我馆与武汉博物馆合作，在该馆举办“国际珍贵礼品展览”，共展出馆藏国际珍贵礼品80件。

我馆与东莞市中艺文化娱乐有限公司合作，在东莞市东城文化中心举办“国礼精品展”，共展出馆藏国际珍贵礼品80件。

10月

在民盟北京市委、中国社会科学院文化研究中心联合主办的“人文奥运与北京文化建设研讨会”上，我馆老干部张弩同志呼吁有关方面落实国务院有关批示，解决国际友谊博物馆馆舍问题，引起媒体关注。对我馆的生存困境，国务院领导给予高度重视，于同年 11 月组织有关部门召开关于国际友谊博物馆馆舍问题会议，启动了六铺炕文物库房改造和柏林寺藏经楼办公用房改造。

11 月

馆刊《中国国际友谊》第三卷（馆庆二十周年专刊）出版。

12 月 25 日

我馆与南京博物院合作，建设开通了我馆的网站，该网站共收录 400 余幅馆藏国际珍贵礼品的照片及上百万文字（网址为：www.friendshipmuseum.com）

12 月 25 日～2002 年 1 月 25 日

我馆与中华世纪坛艺术馆合作举办“我们的朋友遍天下——新中国外交礼品精华展”。此次展览将庆祝我馆成立 20 周年的系列活动推向高潮。

2002年

3 月 27 日～4 月 5 日

我馆与香港中华文化城有限公司合作，在香港展览中心举办“我们的朋友遍天下——中国国务礼品精品大展”，展出馆藏国际珍贵礼品 258 件（套）。特区行政长官董建华先生、中央驻港联络办公室主任姜恩柱等领导及各界人士近 500 人出席了开幕式。展览在香港引起轰动。

4 月～6 月

我馆与青海省博物馆、北京锡华文化交流有限公司合作，在青海省博物馆举办“从五大洲到中南海——党和国家领导人外交礼品特展”，展出馆藏国际珍贵礼品 150 件。

4 月 ～5 月

我馆在南京梅园新村纪念馆举办“周恩来外交礼品展”，共展出馆藏国际珍贵礼品 30 件（套）。

5 月

在国务院领导的直接关怀下，我馆新藏品库房改造工程正式启动。

6 月～10 月

我馆组织全馆党员、中层干部及副研究员认真学习贯彻“三个代表”重要思想的有关论述、江泽民同志“5.31”讲话及十六大会议精神。

8 月

我馆编撰的《国礼的故事》一书由百花文艺出版社出版发行。

8 月～9 月

我馆与南海市精汇信息博览有限公司合作，在南海市国际 IT 城举办“从五大洲到中南海——国务珍贵礼品展”。

9 月～11 月

我馆与上海庭院经济与文化研究会合作，在上海工人文化宫举办“再现共和国外交辉煌——三代领导人外交礼品展”，展出馆藏国际珍贵礼品 200 件。

9 月～10 月

我馆与深圳市博物馆合作，在深圳市博物馆举办“国务礼品展”，展出馆藏国际珍贵礼品 152 件。

10 月 10 日

我馆启动国际礼品藏品定级标准研究项目。为此，我馆召开了专家研讨会，并根据研讨会意见，制定了适合我馆实际情况的藏品定级细则。

10 月～11 月

我馆与上海天昊企业形象策划有限公司合作，在浙江省博物馆西湖美术馆举办“国务礼品展”，共展出藏品 300 件。

11 月 12 日

在各级领导和机关的关怀、帮助、指导下，一座近 3500 平方米的现代化藏品库房建成并交付我馆使用，使珍贵国礼的保藏条件彻底得到改善。12 月 25 日，库房搬迁工作全部结束，近两万件文物安全入库。

2003年

1 月

我馆启动了办公用房改造工程。经过 8 个月紧张施工，该工程于 9 月份正式完工。通过政府采购工作，我馆完成了办公家具的购置，使全馆办公条件得到极大地改善。

经国家文物局批准我馆开展了新馆建设项目前期调研工作。 8 月，我馆完成编制项目建议书的竞标工作。随后，完成了“国际友谊博物馆项目建议书”（初稿），并上报国家文物局审议。

3 月～4 月

我馆与南京博物院合作，在南京博物院举办了“三代领导人外交礼品展”，展出馆藏国际珍贵礼品 100 件。

我馆人事制度改革工作小组根据有关文件精神，结合调研情况，起草了“国际友谊博物馆人事制度改革总体方案”、“国际友谊博物馆机构编制改革实施方案”等改革方案。

4 月 7 日

国家文物局局长单霁翔,副局长张柏、董保华率各司室负责同志来我馆现场办公。

4 月 ~ 5 月

我馆在宁波市天一阁博物馆举办“国务礼品展”,展出馆藏国际珍贵礼品 200 件。

4 月

我馆职工参加了国家文物局举办的乒乓球比赛，获得团体第三名。

8 月 ~ 10 月

我馆与齐齐哈尔市博物馆合作，在齐齐哈尔市博物馆举办“国务珍贵礼品展”，展出馆藏国际珍贵礼品 100 件。

9 月

我馆协助有关单位拍摄“共和国主席李先念”电视文献片。

我馆部分职工参加了中央电视台经济频道“艺术品投资・鉴宝”栏目的现场录制工作，取得本场第一名的好成绩。

11 月 ~ 12 月

“毛泽东革命文物、国礼、诗书手迹展”在上海青年文化活动中心举办。展览由我馆及延安革命纪念馆、中央文献研究室科研部共同主办。我馆提供 101 件藏品。

11 月 20 日

我馆接收全国政协机关事务管理局移交的外事礼品 291 件（套）, 其中李瑞环同志的外事礼品 207 件。这是我馆从中央单位征集外事礼品数量最多的一次。

11 月

罗伯健馆长、办公室临时负责人宋佑隆访问朝鲜。

2004年

2 月

张健同志调任国际友谊博物馆馆长。

编辑出版馆刊《中国国际友谊》第四卷。

3 月 ~ 4 月

在苏州革命博物馆举办“新中国外交礼品展”。

8 月 12 日 ~ 23 日

为纪念邓小平同志诞辰 100 周年，在北京新闻大厦举办“邓小平外交礼品展”。

9 月 ~ 10 月

“三代伟人获赠国礼珍宝展”在陕西省图书馆隆重展出。

9 月～ 12 月

在厦门桥梁博物馆举办“中国国务珍贵礼品展”。

11 月

以张健馆长为团长的中国文物代表团访问泰国。

2005年

1 月～ 7 月

开展保持共产党员先进性教育活动。

3 月

提出“国礼神州行”宣传计划。“国礼神州行”宣传计划的重点内容是举办“国礼神州行”系列展览，在深入挖掘展示内容，不断完善展示手段，着力提升展示效果的基础上，更广泛、积极地推动国礼展走向全国各地，走近广大观众，让观众了解、熟悉国礼及其文化，让友博了解、熟悉观众，增强博物馆与观众之间交流，更好地实现博物馆社会服务功能。

4 月 28 日

“国礼神州行”的首篇——“国礼中原行”系列展览在河南郑州拉开帷幕。6 月南阳展开幕，8 月鹤壁展开幕，9 月三门峡展开幕。同时，编辑出版《国礼神州行》图录。

5 月

相瑞花、刘起富同志调任国际友谊博物馆副馆长。戚学慧同志调任国际友谊博物馆馆长助理。

6 月 28 日～ 7 月 12 日

在北京炎黄艺术馆举办“泰国国礼艺术特展”，并编辑出版《泰国国礼艺术》图录。

8 月

我馆实施人事制度改革，推行全员竞争上岗。经国家文物局批准，馆内部门设置为办公室、展览信息部、藏品管理部、行政管理部、保卫处。

9 月

编辑出版馆刊《中国国际友谊》第五卷。

9 月 23 日

“国礼神州行”的第二篇——“国礼新疆行”系列展览在新疆昌吉开幕。11 月16 日，乌鲁木齐展开幕。

10 月 18 日～ 11 月 6 日

第二届东盟博览会期间，在广西南宁举办“东盟十国国礼特展”，并编辑出版《东盟十国国礼艺术》图录。

11月20日

我馆接待朝鲜文物代表团。

11月28日

“国礼神州行”的第三篇——“国礼南粤行”系列展览在广东省东莞市开幕。

12月10日

召开学术委员会成立暨专家座谈会。会上提出了我馆学术工作思路及重点研究方向。

2006年

1月20日

“国礼神州行”的第三篇——“国礼南粤行”系列展览第二站江门展开幕。

2月15日

“国礼神州行”的第二篇——“国礼新疆行”系列展览第三站喀什展开幕，展出珍贵国礼150件。

2月～4月

展览信息部编辑展览文本，提出8个主题展览项目，丰富了展览主题，配合“国礼神州行”系列展览，形成多类别、多题材、多角度的陈列展览形式。

3月

组织开展馆藏文物信息调查及采集工作，着手进行与展览、科研和藏品管理工作相适应的藏品信息化管理系统建设。

网站改版工作完成，新网站开始运行。

4月

在国家文物局系统2006年春季运动会上，我馆共取得3个单项冠军、4个单项亚军、2个单项季军的良好成绩，并获得了优秀组织奖。

4月～5月

我馆开展基本陈列项目的前期调研、考察工作，项目组分别赴北京、重庆、武汉、长沙、韶山等地近30个博物馆、纪念馆进行参观。

5月18日

结合“博物馆和青少年”的博物馆日主题，制作“国礼珍品图片展”，送至农村小学——北京市通州区觅子店乡觅子店小学，丰富农村小学的第二课堂活动。

5月20日～30日

展览信息部副主任蒋潇参加了“2007内地与港澳地区博物馆传播技术研讨班”。

6月

我馆召开基本陈列项目研讨会。

我馆在国家文物局举行的“颂歌献给党”歌咏比赛中演唱了《红旗颂》和《玛依拉》两首歌曲，并荣获二等奖。

7月12日

“国礼南粤行”系列展览第三站中山展开幕。

7月14日

召开基本陈列内容框架论证会。

7月～8月

在西安大唐芙蓉园举办“至尊国礼展”，展出近百件珍贵国礼。

在重庆中国三峡博物馆举办“中华人民共和国国家领袖国务珍贵礼品特展”，展出珍贵国礼140余件。

8月～9月

在陕西省图书馆举办“党和国家领导人获赠国礼珍宝展”。展出珍贵国礼127件。

9月

在“2006博物馆及相关产品与技术博览会”上，我馆展区以主题鲜明，内容丰富，形式新颖，精彩亮相。

11月

我馆组织干部职工参观考察武强年画博物馆、黄骅市博物馆、王习三鼻烟壶博物馆、沧州铁狮子博物馆等河北省的部分文保单位。

11月～12月

召开巡回展览中的文物保护专题研讨会，总结建馆以来巡回展览中文物保护工作的经验和教训，探讨新形势、新技术条件下深化文物保护工作，不断提高文物保护科技含量的思路和方法。

2007年

1月～2月

在黑龙江省博物馆举办“至尊国礼——中华人民共和国国礼巡展”。展出145件珍贵国礼。

1月

编辑出版馆刊《中国国际友谊》第六卷。

2月～3月

在浙江省湖州市博物馆举办“至尊国礼——中华人民共和国国礼巡展”。展出150件珍贵国礼。

在成都武侯祠博物馆举办“国礼荟萃——中华人民共和国国务礼品展”。展出84件珍贵国礼。

4月

我馆在国家文物局系统2007年春季运动会上，取得2个单项冠军、1个单项亚军的良好成绩，并获得了体育道德风尚奖。

5月

相瑞花副馆长被国务院批准享受2006年政府特殊津贴。

5月～6月

根据国际博物馆日和文化遗产日活动主题，送展到河北省黄骅市，促进中小学生观众了解国礼和文化遗产。

启动“巡回展览文物保护规范”课题研究工作。

6月

藏品管理部副主任隋立新被授予“全国文化遗产保护工作先进个人”称号。

6月27日

我馆举行“伟人毛泽东权杖”国礼艺术品新闻发布会，并将5件仿制品分别赠送给韶山毛泽东纪念馆、中国人民革命军事博物馆、中国收藏家协会等单位以及毛泽东亲属。

邵华同志呼吁尽快建设国际友谊博物馆，展出珍贵国礼。

6月28日～7月9日

以张健馆长为团长的中国博物馆馆长代表团赴法国、卢森堡、德国参观考察博物馆、文化遗产地。

7月

王良学同志调任国际友谊博物馆党总支书记。

7月1日～14日

藏品管理部副主任隋立新参加了由国家文物局和法国国家遗产学院联合举办的“中国文物专家法国夏季学校培训班”。

8月

我馆组织党员、职工赴河北乐亭参观考察李大钊同志故居和纪念馆以及乐亭县博物馆。

9月20日～10月1日

张健馆长随中国文物代表团访问越南、泰国、柬埔寨。

9月～10月

我馆开展竞争上岗工作。

10月

安来顺同志调任国际友谊博物馆副馆长。

10月～11月

在江苏省徐州博物馆举办“中华人民共和国国务礼品特展”。展出近百件珍贵国礼。

12月

编辑出版《巡回展览中的文物保护文集》。

12月26日

为了更好地把学习贯彻党的十七大精神引向深入，中共国际友谊博物馆党总支组织全馆职工到西柏坡参观学习。

以相瑞花副馆长为团长的国际友谊博物馆代表团一行6人，参观考察了澳大利亚、新西兰的部分博物馆。

12月～2008年2月

在中国地质博物馆举办“天地精华——国际友谊博物馆馆藏宝石矿石精品特展”。展出90件宝石、矿石和化石类珍贵国礼。

2008年

1月～2月

为纪念周恩来同志诞辰110周年，在天津周恩来邓颖超纪念馆举办“世界瑰宝——周恩来国务礼品特展”。展出120件珍贵国礼。

2月～3月

在江苏省淮安市博物馆举办“世界瑰宝——周恩来国务礼品特展”，把展示国礼、缅怀伟人活动推向高潮。

3月

全国政协委员、国家文物局副局长张柏同志向全国政协十一届一次会议提交“尽快解决国际友谊博物馆馆舍建设问题”等议案。

4月

《巡回展览中的文物保护文集》出版。该书在一定程度上反映了我馆在巡展中文物保护的理论与实践工作的水平。

国际博协第22届大会筹委会北京办公室正式成立，我馆抽调部分同志参加了大会筹备工作。

我馆组织干部职工悼念汶川地震灾区死难同胞，并向灾区捐款。

5月

编辑《带你走进博物馆》系列丛书之国际友谊博物馆卷。

5月～6月

围绕国际博物馆日和文化遗产日主题，送展进校园，在北京一师附小开展一系列丰富多彩的宣传活动。

7月～9月

在北京中华民族艺术珍品博物馆举办“至尊国礼——国际友谊博物馆馆藏珍贵礼品展”。

为迎接第29届奥运会，在青岛市博物馆举办“扬帆青岛——国际友谊博物馆馆藏舟船·海洋题材礼品展”。展出78件珍贵国礼。

8月7日～9月26日

为迎接北京奥运会，由国家文物局主办、国际友谊博物馆和中国人民革命军事博物馆共同承办的“世界瑰宝——中华人民共和国国际礼品展”正式展出。全国政协副主席、中国文联主席孙家正，文化部部长蔡武，中宣部副部长翟卫华，国家文物局局长单霁翔、副局长张柏，中国人民革命军事博物馆政委程建国少将，中央文献研究室副秘书长朱耀泉等同志出席开幕式。

9月

我馆党总支部组织部分干部职工赴延安学习考察。

9月～10月

在内蒙古自治区包头市博物馆举办“至尊国礼——中华人民共和国国际礼品展。

9月～11月

在山东省烟台市博物馆举办“舟船神韵——国际友谊博物馆馆藏舟船题材礼品展”。

10月～11月

“国礼神州行”的第四篇——“国礼陕西行”系列展览在陕西省铜川市耀州窑博物馆举办，展出86件珍贵国礼。

10 月

组织开展学习实践科学发展观活动。

11 月 ~ 2009 年 1 月

“至尊国礼展”在陕西省西安半坡博物馆举办。这是“国礼陕西行”的第二个展览。

2009年

1 月 ~ 2 月

“国礼陕西行”的第三个展览在陕西省宝鸡市青铜器博物馆举办。

3 月 ~ 12 月

为纪念周恩来同志诞辰 110 周年的国礼展览在天津周恩来邓颖超纪念馆举办。

3 月 ~ 4 月

“国礼陕西行”的第四个展览在汉中市群众艺术馆举办。

4 月

张瑛研究员随中国博物馆学会代表团赴美参加美国博物馆协会年会。

5 月

“国礼进企业”的第一个展览在北京中国黄金集团大厦举办。

“国礼与世界文化之旅图片展”在北京工业大学艺术设计学院开幕。

8 月 14 日 ~ 9 月 2 日

为庆祝建国 60 周年，在国家大剧院举办“乐舞缤纷——开国领袖·表演艺术题材外交礼品特展”。

9 月 ~ 10 月

在上海闵行区博物馆举办“至尊国礼——中华人民共和国国际礼品展”。

9 月 ~ 11 月

在上海松江区月湖雕塑公园美术馆举办“世界瑰宝——庆祝新中国成立 60 周年国务礼品特展”。

在山西博物院举办“和平礼赞——中华人民共和国国际礼品展”。

9 月

我馆参加国家文物局系统歌咏比赛，荣获二等奖。

我馆代表队在国家文物局系统歌咏比赛中演唱《红旗颂》和《中华老字号》两首歌曲，荣获二等奖。

10 月

我馆组织干部职工赴江西南昌、井冈山等地参观考察。

11 月

我馆举行职工摄影作品展览。

11 月 25 日 ~ 2010 年 1 月 25 日

在中华民族艺术珍品博物馆举办“五洲珍宝——国际友谊博物馆馆藏精品展”。

2010年

3 月 ~ 5 月

在海南省博物馆举办“至尊国礼——国际友谊博物馆馆藏精品展”。

3 月

黄元同志调任我馆党总支书记。

4 月

我馆代表队参加国家文物局第五届职工运动会，荣获优秀组织奖。

4 月 ~ 7 月

在西安大唐西市博物馆举办“至尊国礼——丝绸之路沿线友好国家国礼展”。

6 月 ~ 8 月

在甘肃省天水市博物馆举办“至尊国礼——中华人民共和国国际礼品展”。

7 月 ~ 2011 年 3 月

在宁夏博物馆举办“明月和风——国际友谊博物馆藏伊斯兰国家国际礼品特展”。

7 月 ~ 9 月

“至尊国礼——丝绸之路沿线国家国务礼品展”转站至甘肃省兰州市博物馆举办。

8 月 ~ 9 月

我馆组织干部职工赴全国爱国主义教育示范基地河南省红旗渠参观学习。

11 月

国际博协第 22 届大会在上海举行。我馆组织部分人员参与完成了大会服务工作。

2011年

1 月

馆刊《中国国际友谊》第七卷、《国际友谊博物馆三十年文集》编辑出版。

19 日，我馆组织召开馆庆 30 年座谈会，国家文物局局长单霁翔等领导，系统内各单位领导，我馆离退休老干部、曾经在馆工作过的同志，以及在职干部职工聚集一堂，共话友博 30 年成长历程。

职工名录

（按姓氏笔画排序）

在职职工

马先军　王燕军　王鹏远　王丹　王莹　王猛　石周勋　田洪涛　纪大谦
乔杨　纪伟　刘淑娟　刘世平　朱亚平　安来顺　宋佑隆　李红　李宗红
张克俭　张贵玲　张翔　张京保　张健　张晓奇　周旻　周燕红　周彩玲
范小渊　孟可　孟承光　祝秀珍　胡丙申　相瑞花　项朝晖　郝静　黄永春
曹靖　黄璐　戚学慧　董涛　蒋潇　隆文　韩冀萍　隋立新　曾光
雷继锋　颜鹏　樊慧君

离退休职工

王志伟　王晓鹰　王永茂　刘云峰　孙昇　孙秀珍　何春茹　李民　杨华
张弩　张永利　张玉香　张雪萍　张瑛　陈淑英　范钦娟　赵德雨　崔立珍
郭淑芬

已故职工 *

刘耀　李陆　连燎原　秋振邦　崔喜缘

曾经在我馆工作过的人员

仇良　毛佩琦　王良学　王旭东　马小川　从培巧　白澜　邓一力　齐秀荣
孙晓群　刘文阁　刘浩　刘玉宏　刘起富　那日斯　李一凡　李焕平　李兆育
范世民　罗伯健　张林　张明　张理萌　陈茂梅　陈建平　杨华　陆琼
顾伯平　常嘉煌　梁惠玉　戴国华　鲍勇　蔡勇勤

* 此名单不包括调离后去世人员

后 记

2011年新春之际，国际友谊博物馆迎来成立30周年的喜庆日子。对我们来说，这是一个令人感慨万千的特殊时刻。

忆往昔，峥嵘岁月稠。本书的编辑出版，见证了友博人几十年来的坚守和努力。

在本书策划和编辑过程中，得到国家文物局领导亲切关怀；听取了在职职工和离退休同志的意见；广大干部职工和一些离退休以及已调离的领导和同志也积极提供珍贵图片资料，丰富和完善了本书的内容。文物出版社的同志积极配合，促成了本书的顺利及时出版。在此，我们一并表示衷心的感谢！

由于时间仓促，资料有限，本书难免存在纰漏，在此恳请大家批评指正。

30年来，国际友谊博物馆几代人怀揣着同一个梦想——建造一座真正意义上的国际礼品专题博物馆，填补我国博物馆事业的空白，为博物馆事业的发展做出更大的贡献。

谨以此书纪念国际友谊博物馆成立30周年！

《国际友谊博物馆三十年》编撰组

2011年5月

责任印制：王少华

责任编辑：贾东营

图书在版编目（CIP）数据

国际友谊博物馆三十年 / 国际友谊博物馆编．—北京：文物出版社，2011.6
ISBN 978-7-5010-3172-6

Ⅰ．①国… Ⅱ．①国… Ⅲ．①中外关系－友好往来－礼品－博物馆－北京市－图录 Ⅳ．①D822.2-28 ②J531

中国版本图书馆CIP数据核字(2011)第080833号

国际友谊博物馆三十年

编　　著　国际友谊博物馆
出版发行　文物出版社
（北京东直门内北小街 2 号楼　邮政编码 100007）
http://www.wenwu.com
E-mail：web@wenwu.com
制版印刷　北京图文天地制版印刷有限公司
经　　销　新华书店
开　　本　889×1194　1/16
印　　张　16
版　　次　2011年6月第一版
印　　次　2011年6月第一次印刷
书　　号　ISBN 978-7-5010-3172-6
定　　价　320.00元